2012年度
中国对外直接投资
统计公报

2012 Statistical Bulletin of China's Outward Foreign Direct Investment

中 华 人 民 共 和 国 商 务 部
Ministry of Commerce of the People's Republic of China
中 华 人 民 共 和 国 国 家 统 计 局
National Bureau of Statistics of the People's Republic of China
国 家 外 汇 管 理 局
State Administration of Foreign Exchange

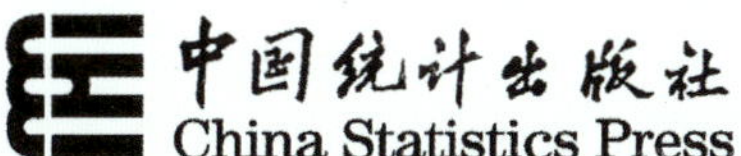

图书在版编目（CIP）数据

2012 年度中国对外直接投资统计公报 ：汉英对照 / 中华人民共和国商务部，中华人民共和国国家统计局，国家外汇管理局编 . -- 北京 ：中国统计出版社，2013.9
ISBN 978-7-5037-6940-5

Ⅰ . ① 2… Ⅱ . ①中… ②中… ③国… Ⅲ . ①对外投资－直接投资－公报－中国－ 2013 －汉、英 Ⅳ . ① F832.6

中国版本图书馆 CIP 数据核字 (2013) 第 199394 号

2012 年度中国对外直接投资统计公报

作　　者 / 中华人民共和国商务部　中华人民共和国国家统计局　国家外汇管理局
责任编辑 / 佘竞雄
装帧设计 / 黄　晨　张　冰
出版发行 / 中国统计出版社
地　　址 / 北京市丰台区西三环南路甲 6 号　邮政编码 /100073
电　　话 / 邮购（010）63376909　书店（010）68783171
网　　址 / http://csp.stats.gov.cn
印　　刷 / 北京画中画印刷有限公司
经　　销 / 新华书店
开　　本 / 880mm × 1230mm　1/16
字　　数 / 320 千字
印　　张 / 9
版　　别 / 2013 年 9 月第 1 版
版　　次 / 2013 年 9 月第 1 次印刷
定　　价 / 158.00 元

如有印装差错，由本社发行部调换。

目录

2012 年度中国对外直接投资统计公报

附录　对外直接投资统计制度

Contents

2012 Statistical Bulletin of China's Outward Foreign Direct Investment

2012年度
中国对外直接投资统计公报

中华人民共和国商务部
中华人民共和国国家统计局
国 家 外 汇 管 理 局

英文翻译：
南开大学 葛顺奇
华南理工大学公共政策研究院 王璐瑶

2012 年度中国
对外直接投资统计公报

2012 年，国际经济形势复杂多变，世界经济复苏步履蹒跚，中国经济保持平稳增长。中国政府加快实施“走出去”战略步伐，大力推动对外投资便利化，积极鼓励有条件的各种所有制企业开展对外投资，企业融入经济全球化的内生动力日益增强。在此背景下，尽管 2012 年全球外国直接投资流量较上年下降近两成，中国对外直接投资却创下 878 亿美元的历史记录，成为 2012 年世界第三大对外投资国。

一、中国对外直接投资概况

（一）2012 年，中国对外直接投资净额（以下简称流量）为 878 亿美元 ，较上年增长 17.6%。其中：新增股本投资 311.4 亿美元，占 35.5%；当期利润再投资 224.7 亿美元，占 25.6%；其他投资 341.9 亿美元，占 38.9%。

截至 2012 年底，中国 1.6 万家境内投资者在国（境）外共设立对外直接投资企业（以下简称境外企业）近 2.2 万家，分布在全球 179 个国家（地区），年末境外企业资产总额超过 2.3 万亿美元。对外直接投资累计净额（以下简称存量）达 5319.4 亿美元，其中：股本投资 1689.1 亿美元，占 31.8%；利润再投资 2227.6 亿美元，占 41.9%；其他投资 1402.7 亿美元，占 26.3%。

表1　2012年中国对外直接投资流量、存量分类构成情况

分类	流量(亿美元)			存量(亿美元)	
	金额	同比(%)	比重(%)	金额	比重(%)
合计	**878.0**	**17.6**	**100.0**	**5 319.4**	**100.0**
金融类	100.7	65.9	11.5	964.5	18.1
非金融类	777.3	13.3	88.5	4 354.9	81.9

注：1.金融类是指境内投资者直接向境外金融企业的投资；非金融类是指境内投资者直接向境外非金融企业的投资。

2.2012年非金融类流量数据与商务部2012年度快报数据(772.2亿美元)差异主要为利润再投资部分。

联合国贸发会议(UNCTAD)《2013世界投资报告》显示，2012年全球外国直接投资流出流量1.39万亿美元，年末存量23.59万亿美元。以此为基数计算，2012年中国对外直接投资分别占全球当年流量、存量的6.3%和2.3%，流量名列按全球国家（地区）排名的第3位，占比较上年提升1.9个百分点，存量位居第13位。

图1　2012年中国与全球主要国家（地区）流量对比

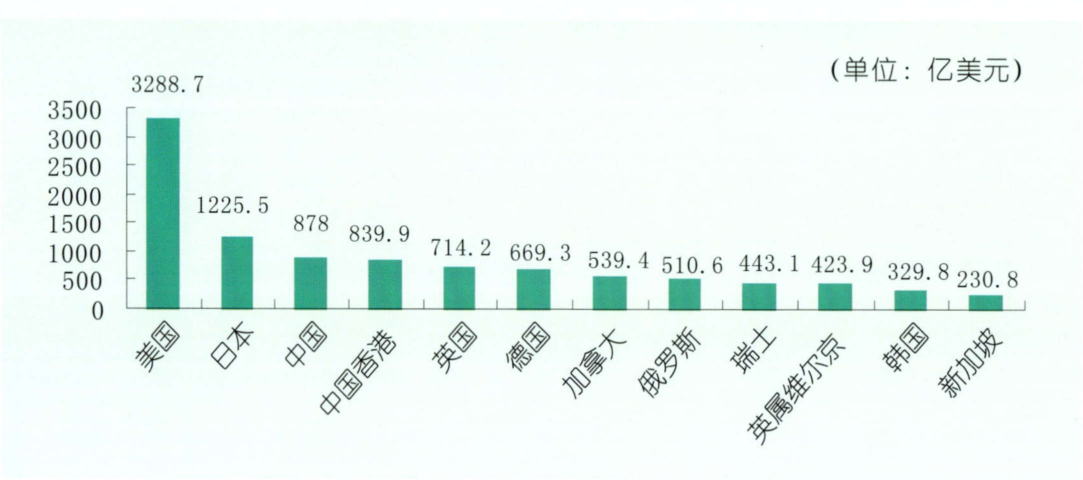

图2　2012年中国与全球主要国家（地区）存量对比

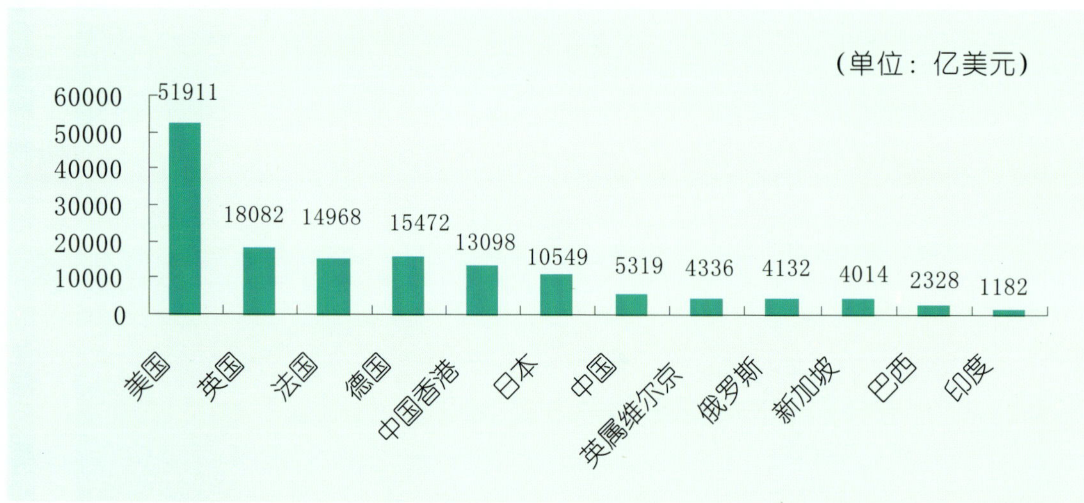

注：2012年中国对外直接投资来源于商务部统计数据，其他国家（地区）统计数据来源于联合国贸发会议《2013世界投资报告》。

（二）2012年，金融类对外直接投资流量100.7亿美元，其中货币金融服务类（原银行业）对外直接投资65.4亿美元，占64.9%。

2012年末，金融类对外直接投资存量964.5亿美元，其中货币金融服务类对外直接投资629.2亿美元，占65.2%；保险业14.8亿美元，占1.5%；资本市场服务（原证券业）43亿美元，占4.5%；其他金融业277.5亿美元，占28.8%。

截至2012年末，中国国有商业银行[①]共在美国、日本、英国等35个国家和地区开设66家分行、36家附属机构，员工总人数达3.7万人，其中雇佣外方员工3.6万人。2012年末，中国共在境外设立保险机构8家。

（三）2012年，中国非金融类对外直接投资777.3亿美元，同比增长13.3%；境外企业实现销售收入12462亿美元，较上年增长19.3%；境内投资者通过境外企业实现的进出口额为3733亿美元，同比增长102.3%，其中：进口总值2944亿美元，同比增长134.2%，出口总值789亿美元，同比增长34.2%。

2012年末，非金融类对外直接投资存量4354.9亿美元，境外企业资产总额1.32万亿美元。

（四）2012年，境外企业向投资所在国缴纳的各种税金总额221.6亿美元，年末境外企业员工总数149.3万人，其中雇用外方员工70.9万人，来自发达国家的雇员有8.9万人。

表2　中国建立《对外直接投资统计制度》以来各年份的统计结果

单位:亿美元

年份	流量		存量
	金额	同比(%)	
2002年	27.0	—	299.0
2003年	28.5	5.6	332.0
2004年	55.0	93.0	448.0
2005年	122.6	122.9	572.0
2006年	211.6	43.8	906.3
2007年	265.1	25.3	1 179.1
2008年	559.1	110.9	1 839.7
2009年	565.3	1.1	2 457.5
2010年	688.1	21.7	3 172.1
2011年	746.5	8.5	4 247.8
2012年	878.0	17.6	5 319.4

注:1.2002-2005年数据为中国非金融类对外直接投资数据,2006-2012年为全行业对外直接投资数据。
2.2006年同比为非金融类对外直接投资比值。

①中国国有商业银行包括中国银行、中国农业银行、中国工商银行、中国建设银行和交通银行。

二、中国对外直接投资的特点

（一）2012 年中国对外直接投资流量的特点

1. 逆势上扬，再创佳绩。

2012 年，欧债危机不断蔓延，世界经济发展的不确定因素增加，全球外国直接投资流出流量较上年下降 17%。在此背景下，中国对外直接投资创下流量 878 亿美元的历史最高值，实现了 17.6% 的较高增长，首次成为世界三大对外投资国之一。自 2003 年中国有关部门权威发布年度数据以来，中国对外直接投资流量已实现连续 10 年增长，2002—2012 年的年均增长速度高达 41.6%。

图 3　1992—2012 年中国对外直接投资流量情况

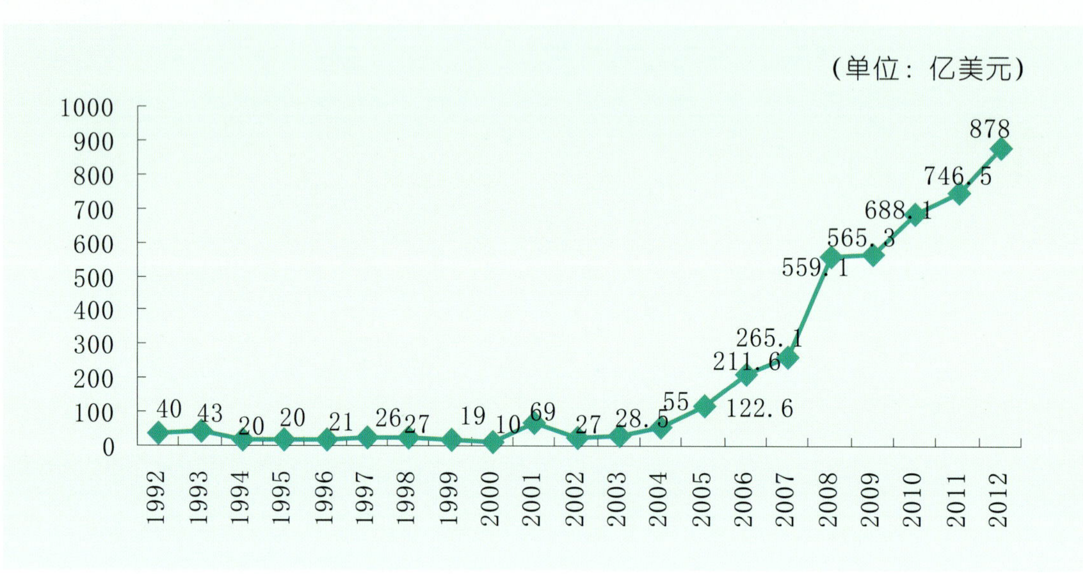

注：1991 至 2001 年中国对外直接投资数据摘自联合国贸发会议世界投资报告，2002 至 2012 年数据来源于中国商务部统计数据。

2. 并购领域广，交易金额大。

2012 年，中国企业共实施对外投资并购项目 457 个，实际交易金额 434 亿美元，两者均创历史之最。其中，直接投资② 276 亿美元，占 63.6%，境外融资 158 亿美元，占 36.4%。并购涉及采矿、电力生产供应、文化娱乐、制造、交通运输、建筑、金融等十大领域。

②指境内投资者或其境外企业收购项目的款项来源于境内投资者的自有资金、境内银行贷款（不包括境内投资者担保的贷款），此部分纳入对外直接投资统计。

表3　2004至2012年中国对外直接投资并购情况

单位：亿美元

年份	并购金额	同比(%)	比重(%)
2004年	30.0	—	54.5
2005年	65.0	116.7	53.0
2006年	82.5	26.9	39.0
2007年	63.0	-23.6	23.8
2008年	302.0	379.4	54.0
2009年	192.0	-36.4	34.0
2010年	297.0	54.7	43.2
2011年	272.0	-8.4	36.4
2012年	434.0	—	31.4

注：2012年并购金额包括境外融资部分，比重为直接投资276亿美元占2012年流量的比重。

3. 利润再投资情况差异明显。

2012年，当期利润再投资224.7亿美元，较上年减少8.1%，其中非金融类利润再投资较上年下降18.1%，但金融类同比增长109.8%。

图4　2012年中国对外直接投资流量构成

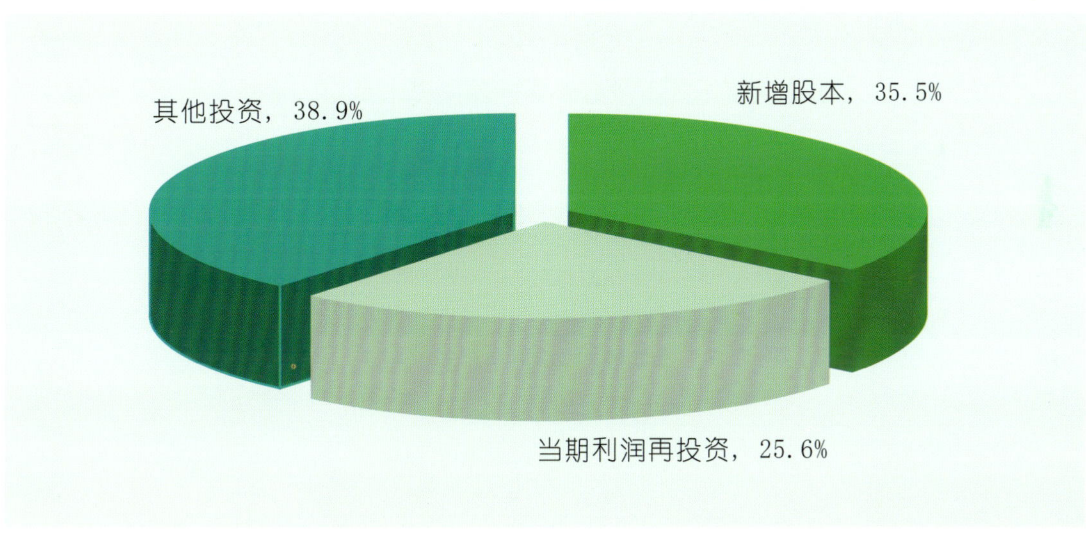

4. 除采矿业外，对其他行业均实现幅度不同的增长。

2012年，中国对外直接投资流量超过10亿美元的行业大类有12个，较上年增加3个。从主要行业分布情况看：

采矿业135.4亿美元，同比下降6.2%，占15.4%，主要是石油天然气开采业、有色金属开采业、煤炭开采和洗选业、黑色金属矿采选业等。采矿业也是唯一流量减少的行业。

科学研究和技术服务业 14.8 亿美元，同比增长 109.2%，占 1.7%。

建筑业 32.5 亿美元，同比增长 97%，占 3.7%。

农、林、牧、渔业 14.6 亿美元，同比增长 83.2%，占 1.7%。

流向金融业的投资首次超过百亿美元，达到 100.7 亿美元，同比增长 65.9%，占 11.5%。

信息传输、软件和信息技术服务业 12.4 亿美元，同比增长 59.7%，占 1.4%。

批发和零售业 130.5 亿美元，同比增长 26.4%，占 14.8%。

交通运输、仓储和邮政业 29.9 亿美元，同比增长 16.5%，占 3.4%，主要是水上运输业、装卸搬运和其他运输服务业、航空运输业等投资。

制造业 86.7 亿美元，同比增长 23.1%，占 9.9%，主要是专用设备制造业、汽车制造业、电器机械及器材制造业、食品制造业、化学原料及制品制造业、有色金属冶炼及压延加工业、医药制造业、计算机／通信及其他电子设备制造业、纺织服装／鞋／帽制造业、纺织业等的投资。

租赁和商务服务业 267.4 亿美元，同比增长 4.5%，占 30.4%。

电力、热力、燃气及水的生产和供应业 19.4 亿美元，同比增长 3.2%，占 2.2%。

图 5　2012 年中国对外直接投资流量行业分布

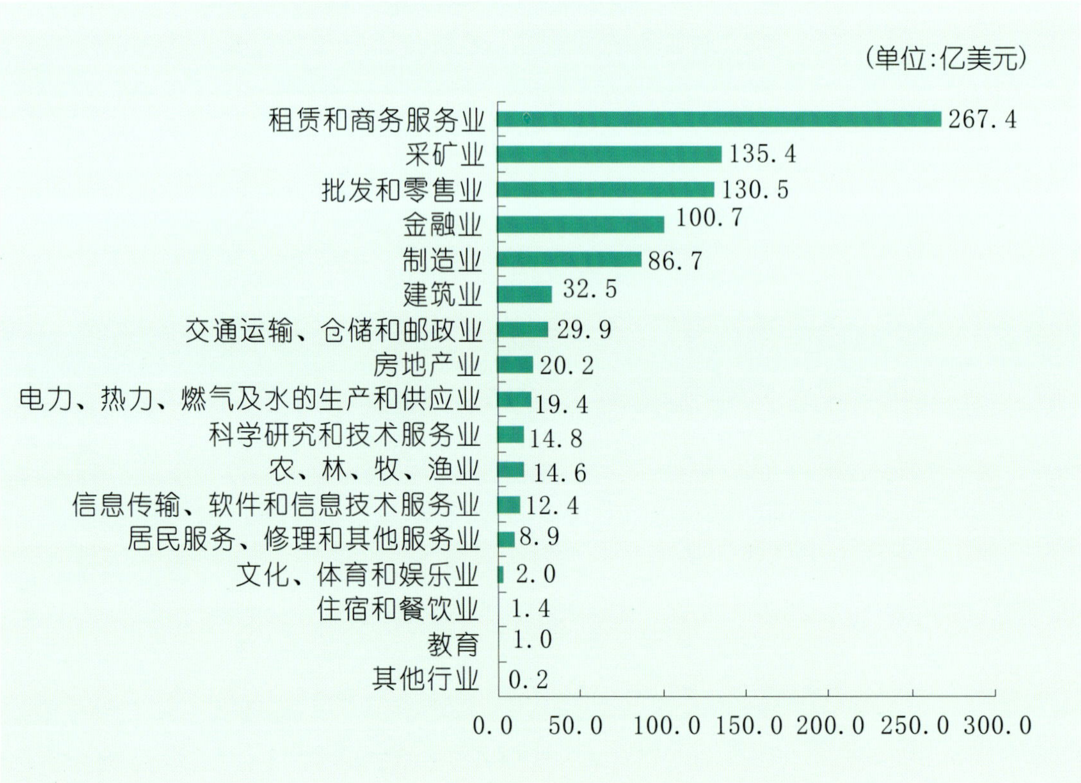

(单位:亿美元)

行业	流量
租赁和商务服务业	267.4
采矿业	135.4
批发和零售业	130.5
金融业	100.7
制造业	86.7
建筑业	32.5
交通运输、仓储和邮政业	29.9
房地产业	20.2
电力、热力、燃气及水的生产和供应业	19.4
科学研究和技术服务业	14.8
农、林、牧、渔业	14.6
信息传输、软件和信息技术服务业	12.4
居民服务、修理和其他服务业	8.9
文化、体育和娱乐业	2.0
住宿和餐饮业	1.4
教育	1.0
其他行业	0.2

0.0　50.0　100.0　150.0　200.0　250.0　300.0

房地产业 20.2 亿美元，同比增长 2.2%，占 2.3%。

此外，中国对外直接投资的新兴领域也有不错的表现。

2012 年流向居民服务、修理和其他服务业 8.9 亿美元，同比增长 170.9%。

文化、体育娱乐业 2 亿美元，同比增长 87%。

住宿和餐饮业 1.4 亿美元，同比增长 16.8%。

5. 对发达经济体的投资与上年基本持平，对美投资快速增长。

2012 年，中国对发达经济体的投资 135.1 亿美元，与上年 134.2 亿美元基本持平。其中对美国投资 40.48 亿美元，增长了 123.5%，美国也因此成为继中国香港之后的中国第二大直接投资目的地。

表4　2012年中国对发达经济体投资情况

经济体名称	流量（万美元）	同比（%）
欧盟	611 990	-19.1
美国	404 785	123.5
加拿大	79 516	43.5
澳大利亚	217 298	-31.3
日本	21 065	41.0
新西兰	9 406	237.3
挪威	849	-54.3
瑞士	864	-49.7
以色列	1 158	476.1
百慕大群岛	3 899	-66.3
合计	**1 350 830**	**持平**

注：发达经济体划分标准同联合国贸发会议世界投资报告。

6. 流向英属维尔京、开曼群岛的投资大幅下降。

2012 年，中国对外直接投资流向英属维尔京群岛、开曼群岛的投资共计 30.67 亿美元，较上年的 111.45 亿美元下降 72.5%，占流量前 20 个国家（地区）的比重由上年的 16.5% 下降至 3.9%。流量在 10 亿美元以上的国家（地区）有：

中国香港 512.38 亿美元，占当年流量的 58.4%，主要流向租赁和商务服务业、批发和零售业、金融业、采矿业、制造业、房地产业、交通运输业等。

美国 40.48 亿美元，占 4.6%，主要流向矿业、制造业、金融业、批发和零售业、租赁和商务服务业、电力 / 热力 / 燃气及水的生产和供应业、科学研究和技术服务业。

哈萨克斯坦29.96亿美元，占3.4%，主要分布在采矿业、交通运输业、专业技术服务业、建筑业等。

英国27.75亿美元，占3.2%，主要流向交通运输业、金融业、制造业、商务服务业、批发和零售业、房地产业等。

英属维尔京群岛22.39亿美元，占2.6%，主要流向商务服务业。

澳大利亚21.73亿美元，占2.5%，主要流向采矿业、农/林/牧/渔业、金融业、批发零售业、房地产业、制造业。

委内瑞拉15.42亿美元，占1.8%，主要流向采矿业、建筑业和专业技术服务业。

新加坡15.19亿美元，占1.7%，主要流向批发和零售业、商务服务业、电力/热力/燃气及水的生产和供应业、金融业、建筑业、制造业等。

印度尼西亚13.61亿美元，占1.5%，主要分布在采矿业、电力/热力/燃气及水的生产和供应业、农/林/牧/渔业、建筑业等。

卢森堡11.33亿美元，占1.3%，主要流向商务服务业、电力/热力/燃气及水的生产和供应业、金融业、批发和零售业等。

表5 2012年中国对外直接投资流量前二十位的国家地区

序号	国家和地区	流量(亿美元)	比重(%)
1	中国香港	512.38	58.4
2	美国	40.48	4.6
3	哈萨克斯坦	29.96	3.4
4	英国	27.75	3.2
5	英属维尔京群岛	22.39	2.6
6	澳大利亚	21.73	2.5
7	委内瑞拉	15.42	1.8
8	新加坡	15.19	1.7
9	印度尼西亚	13.61	1.5
10	卢森堡	11.33	1.3
11	韩国	9.42	1.1
12	蒙古	9.04	1.0
13	开曼群岛	8.27	0.9
14	老挝	8.09	0.9
15	德国	7.99	0.9
16	加拿大	7.95	0.9
17	俄罗斯联邦	7.85	0.9
18	缅甸	7.49	0.9
19	阿根廷	7.43	0.8
20	伊朗	7.02	0.8
	合计	**790.80**	**90.1**

7. 对亚洲、北美地区投资实现高速增长，对其他地区投资下滑。

2012 年，中国对亚洲的投资 647.85 亿美元，同比增长 42.4%，占流量总额的 73.8%，主要分布在中国香港、哈萨克斯坦、新加坡、印度尼西亚、韩国、蒙古、老挝等。其中对中国香港的投资占对亚洲投资流量的 79.1%。

北美洲 48.82 亿美元，同比增长 96.9%，占 5.6%，主要流向美国、加拿大。

欧洲 70.35 亿美元，同比下降 14.7%，占 8%。主要流向英国、卢森堡、德国、俄罗斯、荷兰、法国等。由于 2012 年对欧洲主要并购项目是通过中国香港等地区实施，所以无法体现在对欧洲的直接投资项下。如中国三峡集团公司通过境外子公司以 26.9 亿欧元收购葡萄牙电力公司 21.35% 股权、国家电网公司通过香港子公司以 5.1 亿美元收购葡萄牙国家能源网公司 25% 股权项目等。

拉丁美洲 61.7 亿美元，同比下降 48.3%，占 7%。主要流向英属维尔京群岛、委内瑞拉、开曼群岛、阿根廷等。其中，对避税地英属维尔京群岛和开曼群岛投资下降 72.5%，对拉美其他国家地区的投资则由上年的 7.91 亿美元增至 31.03 亿美元，同比增长 292.3%。

非洲 25.17 亿美元，同比下降 20.6%，占 2.9%。主要分布在安哥拉、刚果（金）、尼日利亚、赞比亚、津巴布韦、阿尔及利亚、莫桑比克、加纳等。对非投资领域分布广泛，其中金融业流量（主要是银行业）受市场价值影响，波动较大，2012 年流量为负 10.96 亿美元，而非金融类对非投资 36.13 亿美元，同比增长 24.7%。

大洋洲 24.15 亿美元，同比下降 27.3%，占 2.7%。主要流向澳大利亚、新西兰、斐济、萨摩亚、巴布亚新几内亚。

表6 2012年中国对外直接投资流量地区构成情况

单位:亿美元

洲别	金额	同比(%)	比重(%)
亚洲	647.85	42.4	73.8
欧洲	70.35	-14.7	8.0
拉丁美洲	61.70	-48.3	7.0
北美洲	48.82	96.9	5.6
非洲	25.17	-20.6	2.9
大洋洲	24.15	-27.3	2.7
合计	**878.04**	**17.6**	**100.0**

图 6　2012 年中国对外直接投资流量地区分布

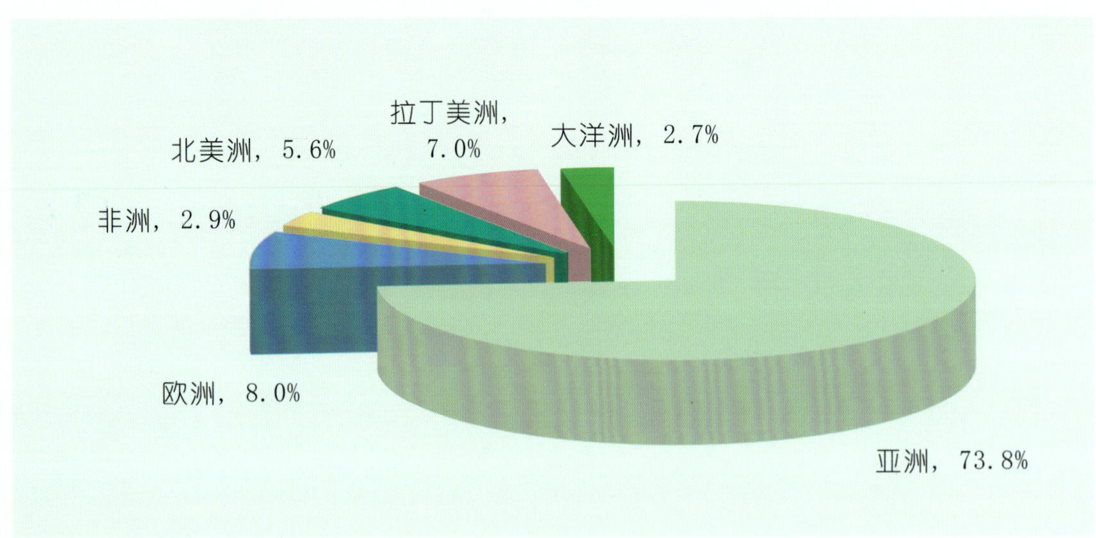

8. 地方对外投资实现十年连增，占比较上年增加一成。

2012 年，地方非金融类对外直接投资流量达 342.06 亿美元，同比增长 45.2%，远高于全国 13.3% 的增幅，占全国非金融类对外直接投资流量的比重由上年的 34% 扩大到 44%，并创下自中国对外直接投资统计制度实施以来连续 10 年增长的纪录。西部地区 55.26 亿美元，同比增长 88.4%，

表7　2012年地方对外直接投资流量按区域分布情况

地区	流量（亿美元）	同比（%）
西部地区	55.26	88.4
中部地区	32.26	5.1
东部地区	254.54	45.0
合计	**342.06**	**45.2**

表8　2012年地方对外直接投资流量前十位的省市区

序号	省市区名称	流量（亿美元）
1	广东省	52.88
2	山东省	34.56
3	上海市	33.16
4	江苏省	31.30
5	辽宁省	27.63
6	浙江省	23.60
7	北京市	16.89
8	甘肃省	13.82
9	云南省	10.40
10	湖南省	9.95

是增幅最大的地区，其中甘肃、云南、陕西位列前三；东部地区 254.4 亿美元，同比增长 45%；中部地区 32.26 亿美元，同比增长 5.1%。 广东、山东、上海、江苏、辽宁、浙江、北京、甘肃、云南、湖南位列地方对外直接投资流量前 10 位。

9. 从境内投资者工商注册类型上看，国有企业占比不足五成。

2012 年，非金融类对外直接投资 777.3 亿美元，其中国有企业占 46.6%，有限责任公司占 36.2%，股份有限公司和股份合作企业各占 5.4%，私营企业占 2.9%，外商投资企业占 2%，其他占 1.5%。

（二） 2012 年末中国对外直接投资存量特点

1. 规模依然相对较小，分布国家（地区）广泛。

2012 年末，中国对外直接投资存量 5319.4 亿美元，位于全球按国家（地区）存量排名的第 13 位。中国对外直接投资起步较晚，存量规模远不及发达国家，仅相当于同期美国对外投资存量的 10.2%，英国的 29.4%，德国的 34.4%，法国的 35.5%，日本的 50.4%。

2012 年末，中国对外直接投资分布在全球的 179 个国家（地区），占全球国家（地区）总数的 76.8%，2012 年较上年新增了对巴勒斯坦、库克群岛的投资。

图 7　2002 至 2012 年中国对外直接投资存量情况

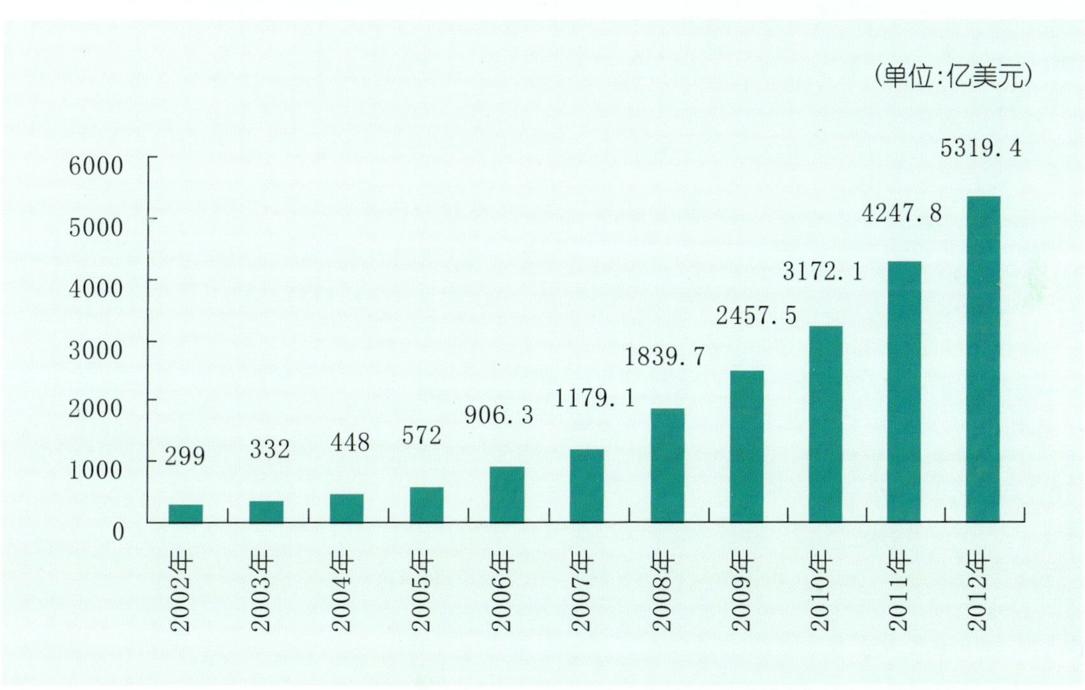

图 8　2012 年末全球主要经济体对外直接投资存量占比

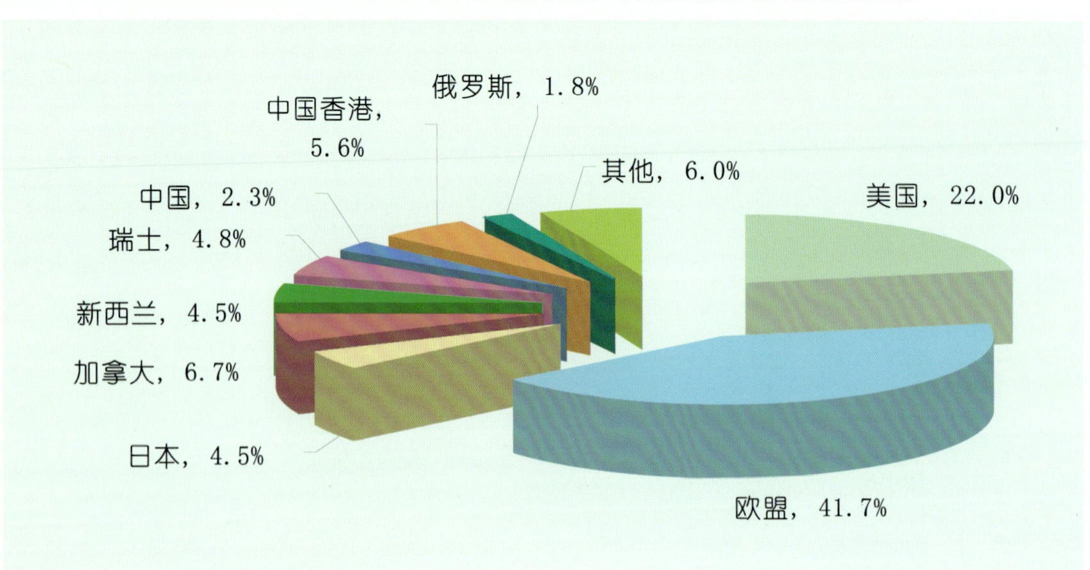

2. **行业门类齐全，投资相对集中。**

2012 年末，中国对外直接投资覆盖了国民经济所有行业类别，其中存量超过 100 亿美元的行业有：租赁和商务服务业、金融业、采矿业、批发和零售业、制造业、交通运输业／仓储和邮政业、建筑业，上述七个行业累计投资存量 4913 亿美元，占我国对外直接投资存量总额的 92.4%。从行业分布看：

租赁和商务服务业（主要为投资控股）1757 亿美元，占 33%。

金融业 964.5 亿美元，占 18.1%，其中货币金融服务 629.2 亿美元，占金融业存量的 65.2%；资本市场服务 43 亿美元，占 4.5%；保险业 14.8 亿美元，占 1.5%；其他金融业 277.5 亿美元，占 28.8%。

采矿业 747.8 亿美元，占 14.1%，主要分布在石油和天然气开采业、黑色金属、有色金属矿采选业。

批发和零售业 682.1 亿美元，占 12.8%，主要为贸易类投资。

制造业 341.4 亿美元，占 6.4%，主要分布在汽车制造业、通信设备／计算机及其他电子设备制造业、化学原料及化学制品制造业、专用设备制造业、有色金属冶炼及压延加工业、纺织业、食品制造业、电器机械制造业、医药制造业、通用设备制造业、纺织服装／装饰业、黑色金属冶炼及压延加工业、橡胶和塑料制品业等。

交通运输、仓储和邮政业 292.3 亿美元，占 5.5%，主要分布在水上运输业、装卸搬运及其他运输代理业、航空运输业、管道运输业等。

建筑业 128.6 亿美元，占 2.4%，主要是房屋建筑业、建筑装饰和其他建筑业、建筑安装业的投资。

房地产业 95.8 亿美元，占 1.8%。

电力、热力、燃气及水的生产和供应业 89.9 亿美元，占 1.7%，主要为电力、热力生产和供应业的投资。

科学研究和技术服务业 67.9 亿美元，占 1.3%，主要为专业技术服务业、研究试验和发展的投资。

农、林、牧、渔业 49.6 亿美元，占 1%，其中农业占 30.5%，林业占 28.5%，渔业占 18.6%。

信息传输、软件和信息技术服务业 48.2 亿美元，占 0.9%，主要为软件和信息技术服务业等。

居民服务、修理和其他服务业 35.8 亿美元，占 0.7%，主要是其他服务业以及居民服务业的投资。

文化、体育和娱乐业 7.9 亿美元，占 0.1%。

住宿和餐饮业 7.6 亿美元，占 0.1%。

其他行业 3 亿美元，占 0.1%。

图 9　2012 年末中国对外直接投资存量行业分布

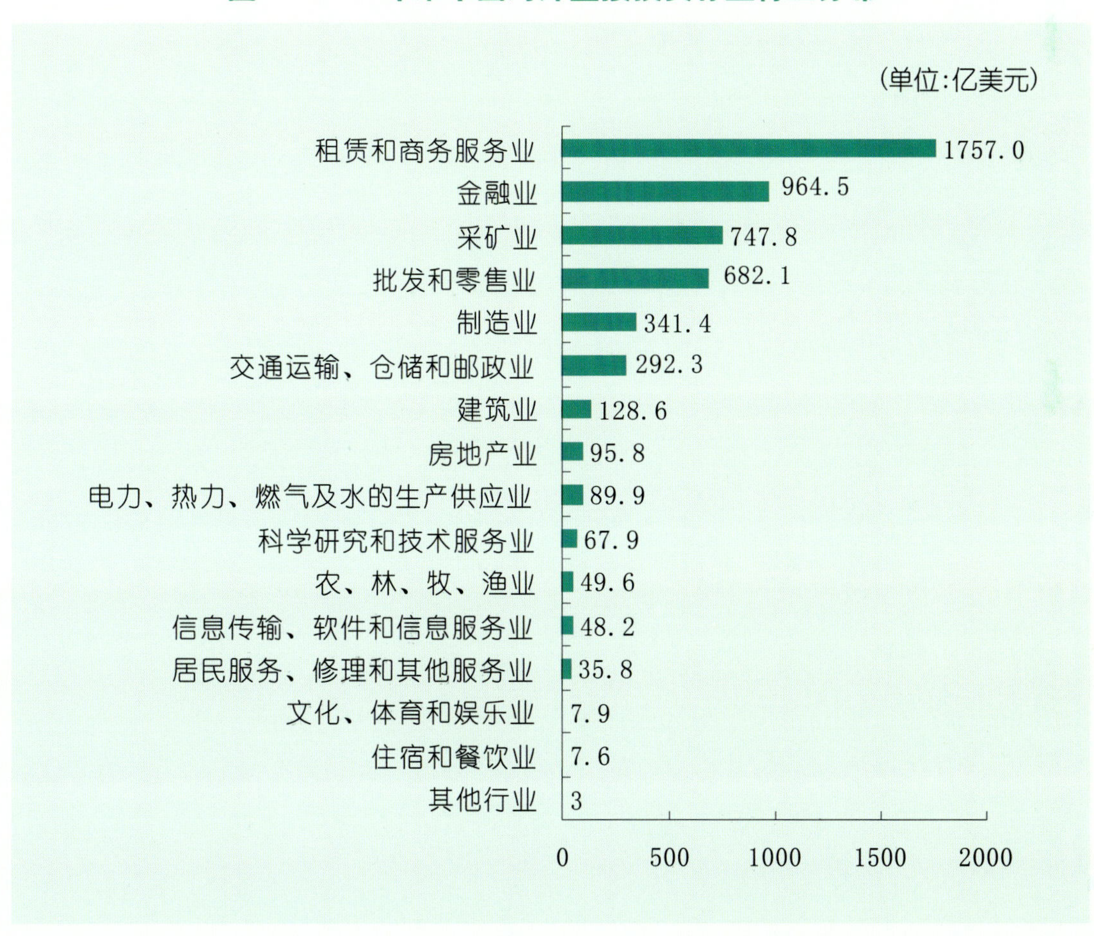

图 10 2012 年末中国对外直接投资存量行业比重

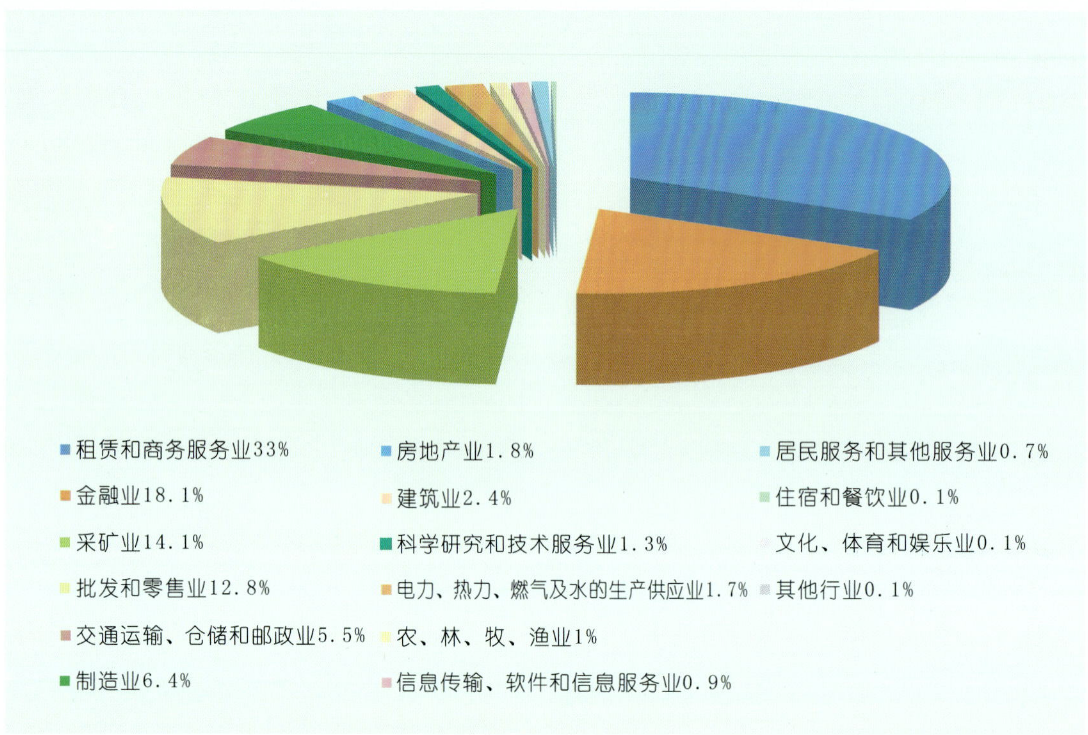

3. **地区分布不平衡，亚洲和拉丁美洲占到存量的八成。**

2012年末，中国在亚洲地区的投资存量为3644.1亿美元，占68.5%，主要分布在中国香港、新加坡、哈萨克斯坦、缅甸、韩国、蒙古、中国澳门、巴基斯坦、柬埔寨、印度尼西亚、泰国、日本等；中国香港占到亚洲存量的84.1%。

拉丁美洲682.1亿美元，占12.8%，主要分布在英属维尔京群岛、开曼群岛、委内瑞拉、巴西、阿根廷、秘鲁、厄瓜多尔、墨西哥等。

中国在亚洲、拉丁美洲的累计投资存量达4326.2亿美元，占年末存量的81.3%，但覆盖的国家（地区）数量仅占40.2%。

欧洲369.8亿美元，占7%，主要分布在卢森堡、英国、俄罗斯联邦、法国、德国、瑞典、荷兰等国家。

非洲217.3亿美元，占4.1%，主要分布在南非、赞比亚、尼日利亚、阿尔及利亚、安哥拉、苏丹、刚果（金）、津巴布韦、毛里求斯、埃塞俄比亚、坦桑尼亚、加纳、埃及、肯尼亚等国家。

北美洲255亿美元，占4.8%，主要分布在美国、加拿大。

大洋洲151.1亿美元，占2.8%，主要分布在澳大利亚、巴布亚新几内亚、新西兰、萨摩亚、斐济等国家。

图 11　2012 年中国对外直接投资存量地区分布情况

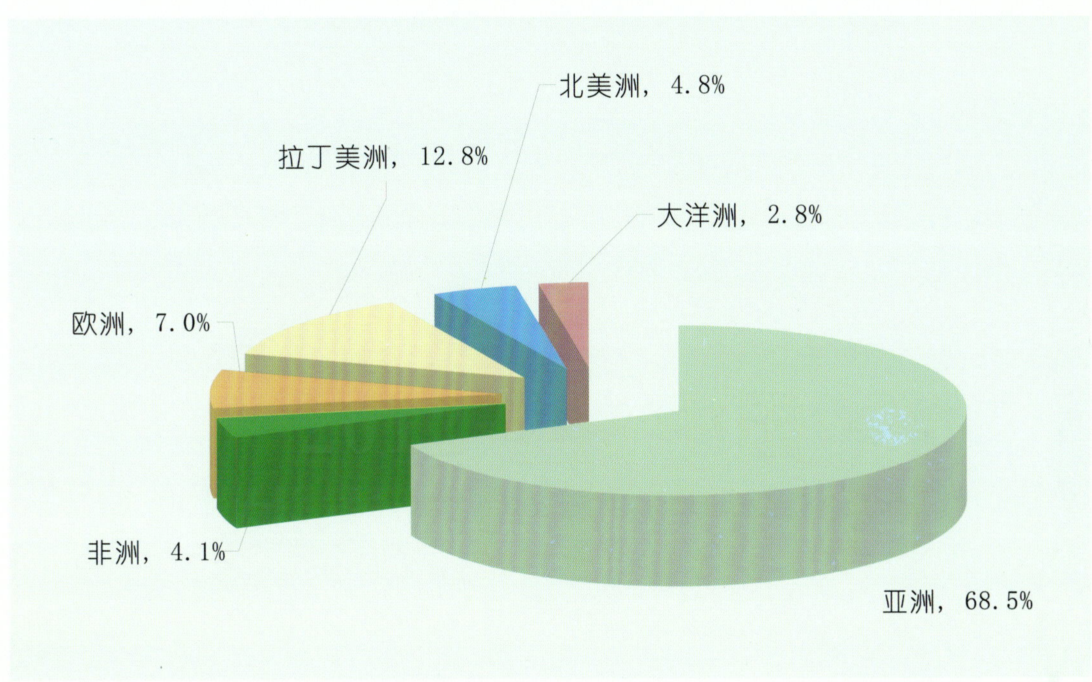

4. **发展中国家占比较大，发达国家占比微升。**

2012年末，中国对发展中国家（地区）[③]的投资存量为4588.1亿美元，占86.3%。对发达国家（地区）731.3亿美元，占13.7%，较上年提高近3个百分点；其中欧盟315.38亿美元，占对发达国家（地区）

表9　2012年末中国在发达国家(地区)直接投资存量情况

国家、经济体名称	存量(万美元)	比重(%)
欧盟	315.38	43.1
美国	170.8	23.4
澳大利亚	138.73	19.0
加拿大	50.51	6.9
百慕大	33.73	4.6
日本	16.12	2.2
新西兰	2.74	0.4
挪威	1.88	0.3
瑞士	1.01	0.1
以色列	0.38	0.0
合计	**731.28**	**100.0**

③本报告中“发展中国家（地区）”是指扣除联合国贸发会议《世界投资报告》中确定的发达国家以外的所有国家（地区）。

投资存量的43.1%；美国170.8亿美元，占23.4%；澳大利亚138.73亿美元，占19%；加拿大50.51亿美元，占6.9%；日本16.12亿美元，占2.2%，百慕大群岛33.78亿美元，占4.6%，其他国家（地区）6.01美元，占0.8%。

5. 国家（地区）高度集中。

2012年末，中国对外直接投资存量前20位的国家（地区）累计达到4750.93亿美元，占中国对外直接投资存量的89.3%。它们是：中国香港、英属维尔京群岛、开曼群岛、美国、澳大利亚、新加坡、卢森堡、英国、哈萨克斯坦、加拿大、俄罗斯联邦、南非、法国、百慕大群岛、德国、印度尼西亚、缅甸、韩国、蒙古、中国澳门。

表10　2012年末中国对外直接投资存量前二十位的国家(地区)

序号	国家(地区)	存量(亿美元)	比重(%)
1	中国香港	3 063.72	57.6
2	英属维尔京群岛	308.51	5.8
3	开曼群岛	300.72	5.7
4	美国	170.80	3.2
5	澳大利亚	138.73	2.6
6	新加坡	123.83	2.3
7	卢森堡	89.78	1.7
8	英国	89.34	1.7
9	哈萨克斯坦	62.51	1.2
10	加拿大	50.51	0.9
11	俄罗斯联邦	48.89	0.9
12	南非	47.75	0.9
13	法国	39.51	0.7
14	百慕大群岛	33.73	0.6
15	德国	31.04	0.6
16	印度尼西亚	30.98	0.6
17	缅甸	30.94	0.6
18	韩国	30.82	0.6
19	蒙古	29.54	0.6
20	中国澳门	29.29	0.5
	合计	**4 750.93**	**89.3**

6. 国有企业占比继续下降。

2012年末，在非金融类存量中，国有企业占59.8%，较上年下降2.9个百分点，与2006年（80.1%）相比下降了两成；有限责任公司占26.2%，较上年增加1.7个百分点；股份有限公司占6.6%；股份合作企业占2.9%；私营企业占2.2%；外商投资企业占1.1%；集体企业占0.2%；港澳台投资企业占0.3%；其他占0.7%。

图12 2012年末中国非金融类对外直接投资存量按境内投资者注册类型分布情况

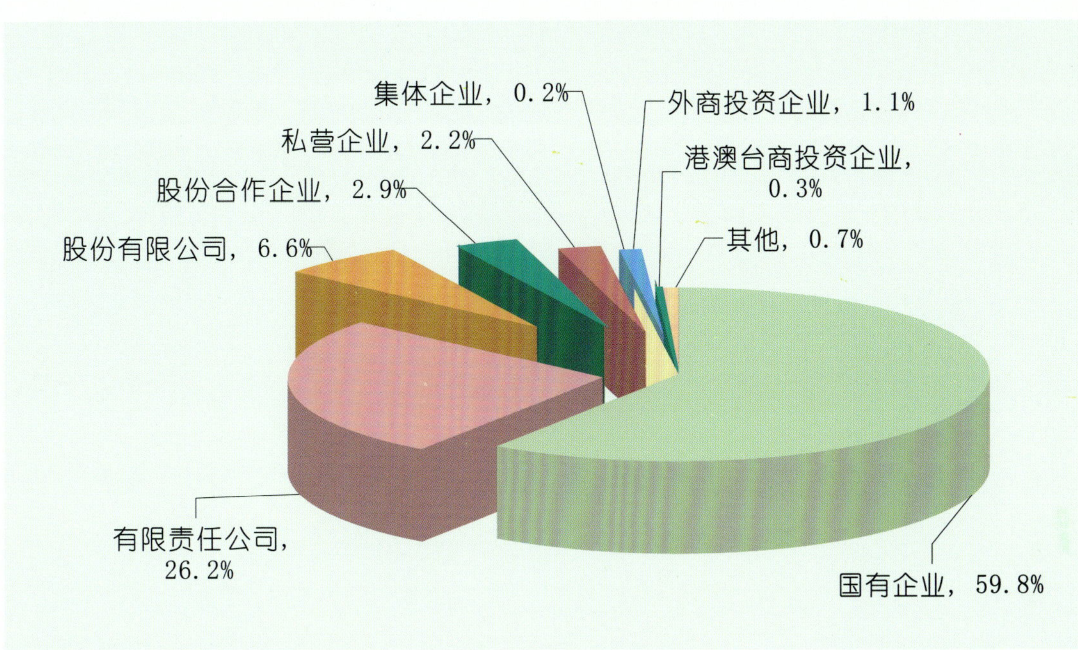

7. **地方存量规模不断扩大，广东、上海、山东位列前三。**

2012年末，地方非金融类对外直接投资存量首破千亿，达到1240.6亿美元，占全国非金融类存量的28.5%，较上年增加4.7个百分点。其中：东部地区970.6亿美元，占78.2%；西部地区158.3亿美元，占12.8%；中部地区111.7亿美元，占9%。广东是中国对外直接投资存量最大的省份，其次为上海，以后依次为山东、浙江、江苏、北京、辽宁、湖南、海南、福建等。

图13 2012年末地方对外直接投资存量地区比重构成

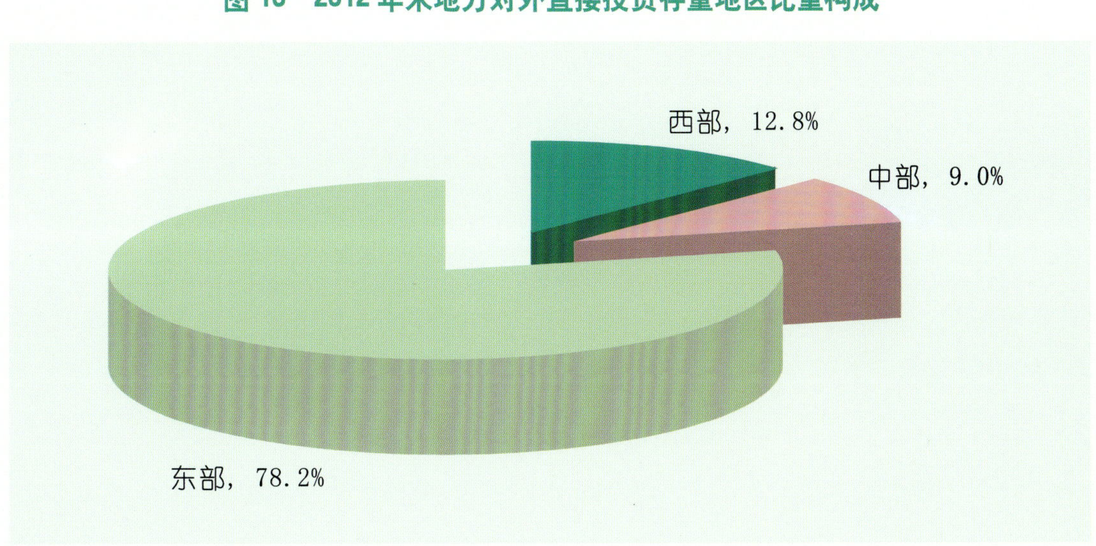

表11 2012年末对外直接投资存量前十位的省市区

序号	省、市、区名称	存量(亿美元)
1	广东省	251.76
2	上海市	139.51
3	山东省	119.7
4	浙江省	85.49
5	江苏省	78.32
6	北京市	75.78
7	辽宁省	69.53
8	湖南省	41.33
9	海南省	33.28
10	福建省	32.37

三、中国对世界主要经济体的直接投资

表12 2012年中国对主要经济体投资情况表

单位:亿美元

经济体名称	流量			存量	
	金额	同比(%)	比重(%)	金额	比重(%)
中国香港	512.38	43.7	58.4	3 063.72	57.6
欧盟	61.20	-19.1	7.0	315.38	5.9
东盟	61.00	3.3	6.9	282.38	5.3
美国	40.48	123.5	4.6	170.80	3.2
澳大利亚	21.73	-31.3	2.5	138.73	2.6
俄罗斯联邦	7.85	9.6	0.9	48.88	0.9
合计	**704.64**	**28.6**	**80.3**	**4 019.89**	**75.5**

（一）中国内地对香港地区的投资

2012年，中国内地对香港地区的投资流量为512.38亿美元，占流量总额的43.7%，同比增长43.7%，是中国对外直接投资流量最大的地区。中国对外直接投资主要并购项目大都通过香港地区再投资完成，如中国石油化工集团公司收购葡萄牙高浦能源公司（GALP）持有的高浦巴西和荷兰公司30%股权、中国三峡集团公司收购葡萄牙电力公司21.35%股权、大连万达集团公司收购美国AMC娱乐控股公司100%股权等项目。从行业情况看，流向以投资控股为主要目标的租赁和商务服务业218.06亿美元，同比增长60.5%，占42.6%；批发和零售业101.13亿美元，同比增长14.7%，占19.7%；金融业82.24亿美元，同比增长174.3%，占16.1%；采矿业29.64亿美元，占5.8%；制造业25亿美元，占4.9%；房地产业15.83亿美元，占3.1%；交通运输、仓储和邮政业12.96亿美元，占2.5%。

2012年末，中国内地共在香港地区设立直接投资企业5300多家，年末投资存量3063.72亿美元，占存量总额的57.6%。从主要行业构成情况看，租赁和商务服务业1194.12亿美元，占39%；金融业620.94亿美元，占20.3%；批发和零售业490.91亿美元，占16%；采矿业262.91亿美元，占8.6%；交通运输、仓储业220.63亿美元，占7.2%；制造业102.51亿美元，占3.3%；房地产业占2.4%；信息传输、软件和信息技术服务业占1%；居民服务、修理和其他服务业占0.8%；电力、热力、燃气和水的生产和供应业以及建筑业各占0.4%。

表13 2012年中国内地对中国香港直接投资的主要行业

单位:万美元

行业	流量	比重(%)	存量	比重(%)
租赁和商务服务业	2 180 556	42.6	11 941 183	39.0
金融业	822 412	16.1	6 209 380	20.3
批发和零售业	1 011 321	19.7	4 909 077	16.0
采矿业	296 384	5.8	2 629 111	8.6
交通运输/仓储和邮政业	129 578	2.5	2 206 314	7.2
制造业	250 048	4.9	1 025 049	3.3
房地产业	158 286	3.1	746 798	2.4
信息传输/软件和信息技术服务业	101 692	2.0	317 312	1.0
居民服务/修理和其他服务业	64 522	1.3	250 274	0.8
电力/热力/燃气及水的生产和供应业	27 465	0.5	113 496	0.4
建筑业	32 355	0.6	125 112	0.4
科学研究和技术服务业	29 227	0.6	77 723	0.3
文化体育和娱乐业	10 637	0.2	34 825	0.1
农、林、牧、渔业	8 666	0.1	24 038	0.1
住宿和餐饮业	1	—	21 260	0.1
其他行业	695	—	6 295	—
合计	**5 123 845**	**100.0**	**30 637 247**	**100.0**

（二）中国对欧盟的投资

2012年，中国对欧盟的投资流量为61.2亿美元，占流量总额的7%，欧洲流量的87%，较上年下降19.1%。其中英国位居首位，流量达到27.75亿美元，同比增长95.4%，占对欧盟投资流量的45.3%；其次为卢森堡，11.33亿美元，同比下降10.4%，占18.5%；德国位列第三，7.99亿美元，同比增长56%，占13.1%。

从行业分布看，流向制造业18.06亿美元，占29.5%，主要分布在英国、瑞典、德国、法国、意大利、荷兰、奥地利等国家；租赁和商务服务业12.59亿美元，占20.6%，主要分布在卢森堡、英国、德国等；金融业10.45亿美元，占17.1%，主要分布在英国、德国、卢森堡、意大利、法国、匈牙利、爱尔兰等；

交通运输、仓储和邮政业8.52亿美元，占13.9%，主要分布在英国和德国；批发和零售业4.27亿美元，占7%，主要分布在英国、比利时、德国、法国、保加利亚等。

截至2012年末，中国对欧盟的投资存量为315.38亿美元，占存量总额的5.9%，对欧洲投资存量的85.4%。存量在10亿美元以上的国家有六个：卢森堡、英国、法国、德国、瑞典、荷兰。从行业分布看，租赁和商务服务业96.67亿美元，占30.7%，主要分布在卢森堡、英国、荷兰、德国、爱尔兰等；金融业66.38亿美元，占21%，主要分布在英国、卢森堡、德国、法国、意大利、匈牙利等；制造业63.02亿美元，占20%，主要分布在瑞典、英国、德国、荷兰、法国、意大利、西班牙、奥地利、匈牙利、罗马尼亚等；采矿业37.93亿美元，占12%，主要分布在法国、英国、荷兰、卢森堡等；批发和零售业14.19亿美元，占4.5%，主要分布在英国、德国、比利时、意大利、荷兰等；交通运输、仓储业11.63亿美元，占3.7%，主要分布在英国、德国、比利时等；科学研究和技术服务业占2.3%；电力、热力、燃气及水的生产和供应业占2.1%；农林牧渔业占1.2%；房地产业占0.9%。

2012年末，中国共在欧盟设立直接投资企业近2000家，已覆盖欧盟的全部27个成员国，雇佣当地员工4.2万人。

表14　2012年中国对欧盟直接投资的主要行业

单位:万美元

行业	流量	比重(%)	存量	比重(%)
租赁和商务服务业	125 931	20.6	966 720	30.7
金融业	104 503	17.1	663 834	21.0
制造业	180 615	29.5	630 236	20.0
采矿业	4 506	0.7	379 312	12.0
批发和零售业	42 710	7.0	141 888	4.5
交通运输、仓储和邮政业	85 197	13.9	116 335	3.7
科学研究和技术服务业	5 665	0.9	71 425	2.3
电力、热力、燃气及水的生产和供应业	29 424	4.8	66 206	2.1
农、林、牧、渔业	1 153	0.2	36 350	1.2
房地产业	12 957	2.1	27 443	0.9
住宿和餐饮业	3 822	0.6	14 375	0.5
建筑业	1 254	0.2	11 167	0.3
教育	9 596	1.6	9 596	0.3
信息传输、软件和信息技术服务业	2 349	0.4	8 444	0.2
居民服务、修理和其他服务业	1 292	0.2	7 621	0.2
其他	1 016	0.2	2 872	0.1
合计	**611 990**	**100.0**	**3 153 824**	**100.0**

（三）中国对东盟的投资

2012年，中国对东盟十国的投资流量61亿美元，同比增长3.3%，占流量总额的6.9%，对亚洲投资流量的9.4%；存量为282.38亿美元，占存量总额的5.3%，亚洲地区投资存量的7.7%。2012年末，中国共在东盟设立直接投资企业2600多家，雇用当地员工11.83万人。

2012年，中国对东盟投资主要流向：采矿业17.14亿美元，占28.1%，主要分布在印度尼西亚、老挝、泰国、缅甸等；电力、热力、煤气燃气及水的生产和供应业10.82亿美元，占17.7%，主要分布在缅甸、新加坡、印度尼西亚、柬埔寨等；制造业9.88亿美元，占16.2%，主要分布在泰国、越南、马来西亚、柬埔寨、印度尼西亚、新加坡、老挝、菲律宾等；批发和零售业6.83亿美元，占11.2%，主要分布在新加坡、印度尼西亚、老挝等；建筑业6.01亿美元，占9.9%，主要分布在老挝、新加坡、柬埔寨、印度尼西亚等；租赁和商务服务业4.4亿美元，占7.2%，主要分布在新加坡、老挝、越南、菲律宾等；农、林、牧、渔业占4.9%，主要分布在老挝、柬埔寨、印度尼西亚等。

从2012年中国对东盟投资存量的行业分布情况看，电力、热力、燃气及水的生产供应业51.2亿美元，占18.1%，主要分布在新加坡、缅甸、柬埔寨、印度尼西亚、老挝、越南等；采矿业40.33亿美元，占14.3%，主要分布在印度尼西亚、缅甸、老挝、新加坡、泰国等；批发和零售业35.58亿美元，占12.6%，主要分布在新加坡、泰国、越南、印度尼西亚等；租赁和商务服务业33.88亿美元，

表15　2012年中国对东盟直接投资的主要行业

单位:万美元

行业	流量	比重(%)	存量	比重(%)
电力、热力、燃气及水的生产和供应业	108 179	17.7	511 996	18.1
采矿业	171 434	28.1	403 328	14.3
批发和零售业	68 288	11.2	355 830	12.6
租赁和商务服务业	44 041	7.2	338 769	12.0
制造业	98 821	16.2	334 756	11.9
金融业	9 399	1.5	257 748	9.1
建筑业	60 094	9.9	221 639	7.9
交通运输、仓储和邮政业	9 319	1.5	209 815	7.4
农、林、牧、渔业	29 971	4.9	99 667	3.5
科学研究和技术服务业	2 464	0.4	45 241	1.6
房地产业	4 453	0.7	18 206	0.6
信息传输、软件和信息服务业	628	0.1	12 003	0.4
居民服务、修理和其他服务业	1 202	0.2	7 478	0.3
住宿和餐饮业	1 241	0.2	2 930	0.1
文化、体育和娱乐业	308	0.1	1 784	0.1
其他行业	202	0.1	2 564	0.1
合计	**610 044**	**100.0**	**2 823 754**	**100.0**

占 12%，主要分布在新加坡、老挝、泰国、越南、菲律宾等；制造业 33.48 亿美元，占 11.9%，是中国对东盟投资涉及国家最广泛的行业，其中投资额上亿美元的国家有：越南、泰国、柬埔寨、马来西亚、新加坡、印度尼西亚、老挝；金融业 25.77 亿美元，占 9.1%，主要分布在新加坡、泰国、马来西亚、印度尼西亚、菲律宾等；建筑业占 7.9%，主要分布在柬埔寨、新加坡、泰国、老挝、马来西亚、越南等国家；交通运输、仓储业占 7．4%，主要分布在新加坡；农、林、牧、渔业占 3.5%，主要分布在老挝、印度尼西亚、柬埔寨、越南、缅甸、泰国等国家；科学研究和技术服务业占 1.6%；房地产业占 0.6%；信息传输、软件和信息服务业占 0.4%；居民服务和其他服务业占 0.3%。

图 14　2012 年末中国对东盟十国直接投资存量情况

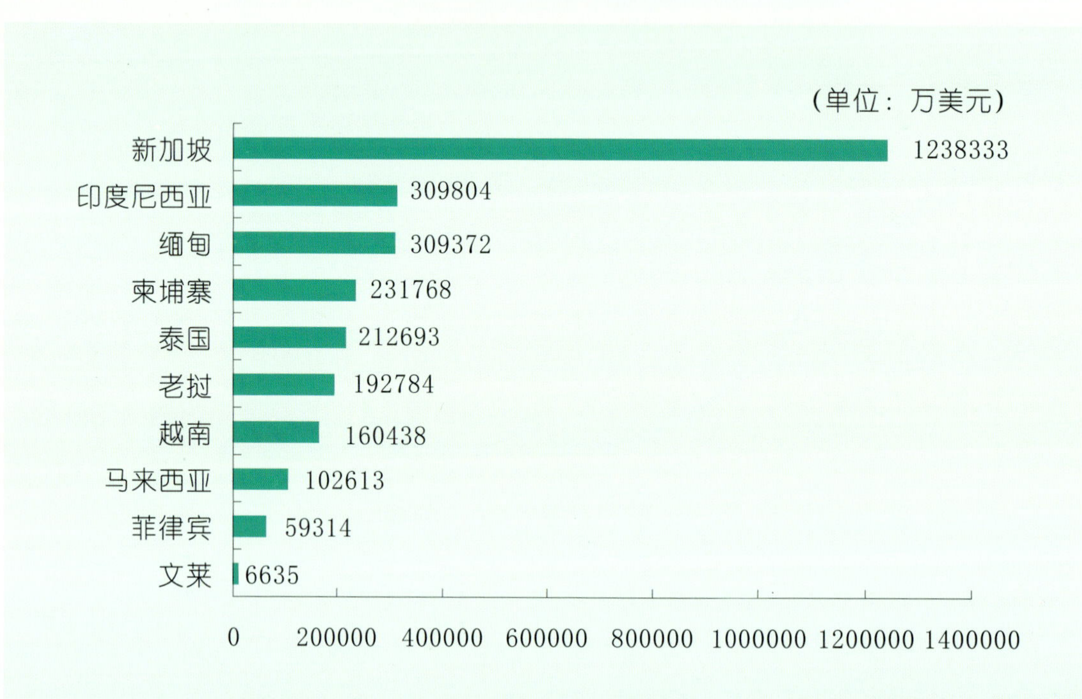

（四）中国对美国的投资

2012 年，中国对美投资流量为 40.48 亿美元，较上年增长 123.5%，美国成为当年中国企业对外投资的第二大目的地（仅次于中国香港）。2012 年末，对美投资存量为 170.8 亿美元，占中国对外直接投资存量的 3.2%，境外企业雇佣美国当地员工 2.7 万人，较上年末增加 1.3 万人。

2012 年，中国对美投资领域广泛，其中投资额上亿美元的有：采矿业、制造业、金融业、批发和零售业、租赁和商务服务业、电力 / 热力 / 燃气及水的生产和供应业、科学研究和技术服务业。采矿业 14.11 亿美元，占 34.9%；制造业 11.56 亿美元，占 28.6%；金融业 4 亿美元，占 9.9%；批发和零售业 3.43 亿美元，占 8.5%；租赁和商务服务业 2.49 亿美元，占 6.1%；电力 / 热力 / 燃气和水的生产和供应业 1.43 亿美元，占 3.5%；科学研究和技术服务业 1.08 亿美元，占 2.7%。

从存量行业分布情况看，金融业58.27亿美元，占34.1%；制造业37.94亿美元，占22.2%，主要分布在交通运输设备制造业、专用设备制造业、橡胶制品制造业、通用设备制造业、医药设备制造业、有色金属冶炼和压延加工业、金属制品业、纺织业等；批发零售业16.74亿美元，占9.8%；采矿业16.05亿美元，占9.4%；电力生产和供应业15.87亿美元，占9.3%；租赁和商务服务业9.62亿美元，占5.7%；交通运输／仓储业占2.3%；建筑业、科学研究和技术服务各占1.7%。

表16　2012年中国对美国直接投资的主要行业

单位:万美元

行业	流量	比重(%)	存量	比重(%)
金融业	39 983	9.9	582 724	34.1
制造业	115 580	28.6	379 435	22.2
批发和零售业	34 299	8.5	167 431	9.8
采矿业	141 130	34.9	160 546	9.4
电力、热力、燃气及水的生产和供应业	14 300	3.5	158 655	9.3
租赁和商务服务业	24 871	6.1	96 171	5.7
交通运输、仓储和邮政业	3 545	0.9	39 802	2.3
建筑业	2 850	0.7	29 583	1.7
科学研究和技术服务业	10 800	2.7	27 980	1.7
住宿和餐饮业	1 272	0.3	12 504	0.7
房地产业	1 852	0.5	12 243	0.7
居民服务、修理和其他服务业	4 528	1.1	11 922	0.7
信息传输、软件和信息技术服务业	3 735	0.9	10 786	0.6
文化、体育和娱乐业	568	0.1	6 882	0.4
农、林、牧、渔业	2 201	0.6	6 819	0.4
水利、环境和公共设施管理业	2 500	0.6	2 671	0.2
教育	587	0.1	1 527	0.1
其他行业	184	—	296	—
合计	**404 785**	**100.0**	**1 707 977**	**100.0**

（五）中国对澳大利亚的投资

2012年，中国对澳直接投资流量21.73亿美元，同比下降31.3%。主要流向：采矿业14.37亿美元，占66.1%；农、林、牧、渔业1.3亿美元，占6%；金融业1.24亿美元，占5.7%；批发零售业1.08亿美元，占5%；房地产业占4.4%；居民服务、修理和其他服务业占4.1%；制造业占3.1%。

2012年末，中国对澳大利亚投资存量为138.73亿美元，占中国对外直接投资存量的2.6%，对大洋洲地区投资存量的91.8%；共在澳大利亚设立500多家境外企业，雇佣当地员工4500多人。存量主要行业分布情况：采矿业92.69亿美元，占66.8%；租赁和商务服务业15.33亿美元，占11.1%；金融业 11.22 亿美元占 8.1%；房地产业占 3.5%；批发和零售业占 3.2%；制造业占 2.6%；农、林、牧、渔业占 1.2%。

表17　2012年中国对澳大利亚直接投资的主要行业

单位:万美元

行业	流量	比重(%)	存量	比重(%)
采矿业	143 686	66.1	926 879	66.8
租赁和商务服务业	2 853	1.3	153 304	11.1
金融业	12 360	5.7	112 249	8.1
房地产业	9 642	4.4	47 873	3.5
批发和零售业	10 839	5.0	43 838	3.2
制造业	6 659	3.1	36 626	2.6
农、林、牧、渔业	13 041	6.0	17 329	1.2
居民服务、修理和其他服务业	8 846	4.1	12 261	0.9
科学研究和技术服务业	4 342	2.0	10 941	0.8
建筑业	1 833	0.9	10 381	0.7
交通运输、仓储和邮政业	199	0.1	5 928	0.4
电力、热力、燃气及水的生产和供应业	1 967	0.9	5 050	0.4
教育	100		2 790	0.2
住宿和餐饮业	931	0.4	1 800	0.1
其他行业	—	—	56	—
合计	**217 298**	**100.0**	**1 387 305**	**100.0**

（六）中国对俄罗斯联邦的投资

2012 年，中国对俄的投资流量 7.85 亿美元，同比增长 9.6%，占中国对外直接投资流量的 0.9%，对欧洲地区投资的 11.2%。从行业分布情况看，投资主要集中在农／林／牧／渔业（30%）、租赁和商务服务业（23.3%）、制造业（22.2%）、采矿业(13.5%)、建筑业（8%）批发和零售业（5.9%）等。

2012 年末，中国对俄罗斯的投资存量为 48.89 亿美元，占中国外直接投资存量的 0.9%，对欧洲地区投资存量的 13.2%；在俄罗斯共设立 900 多家境外企业，雇佣当地雇员 1.6 万人。从存量的主要行业分布情况看，农／林／牧／渔业 12.81 亿美元，占 26.2%；租赁和商务服务业 8.95 亿美元，占 18.3%；采矿业 7.59 亿美元，占 15.5%；制造业 6.12 亿美元，占 12.5%；房地产业 5.49 亿美元，占 11.2%；建筑业占 6.9%；批发和零售业占 4.9%；金融业占 2.8%。

表18　2012年中国对俄罗斯直接投资的主要行业

单位:万美元

行业	流量	比重(%)	存量	比重(%)
农、林、牧、渔业	23 525	30.0	128 052	26.2
租赁和商务服务业	18 258	23.3	89 494	18.3
采矿业	10 667	13.5	75 870	15.5
制造业	17 401	22.2	61 244	12.5
房地产业	190	0.2	54 883	11.2
建筑业	6 263	8.0	33 667	6.9
批发和零售业	4 602	5.9	24 092	4.9
金融业	-2 999	-3.8	13 746	2.8
居民服务、修理和其他服务业	222	0.3	2 846	0.6
信息传输、软件和信息技术服务业	106	0.1	2 034	0.4
交通运输、仓储和邮政业	28	—	1 416	0.3
科学研究和技术服务业	-45	—	710	0.2
其他行业	244	0.3	795	0.2
合计	**78 462**	**100.0**	**488 849**	**100.0**

四、中国对外直接投资者的构成

2012年末，中国对外直接投资者达到了1.6万家，从境内投资者在中国工商行政管理部门登记注册情况看，境内投资者为有限责任公司的占62.5%，较上年提高2.1个百分点，是中国进行对外投资最为活跃的群体；国有企业占9.1%，较上年下降2个百分点，私营企业占8.3%，股份有限公司占7.4%，股份合作企业和外商投资企业各占3.4%，港、澳、台商投资企业占2.2%，个体经营占1.6%；集体企业占0.8%，其他占1.3%。

图15　2012年末境内投资者按登记注册类型构成

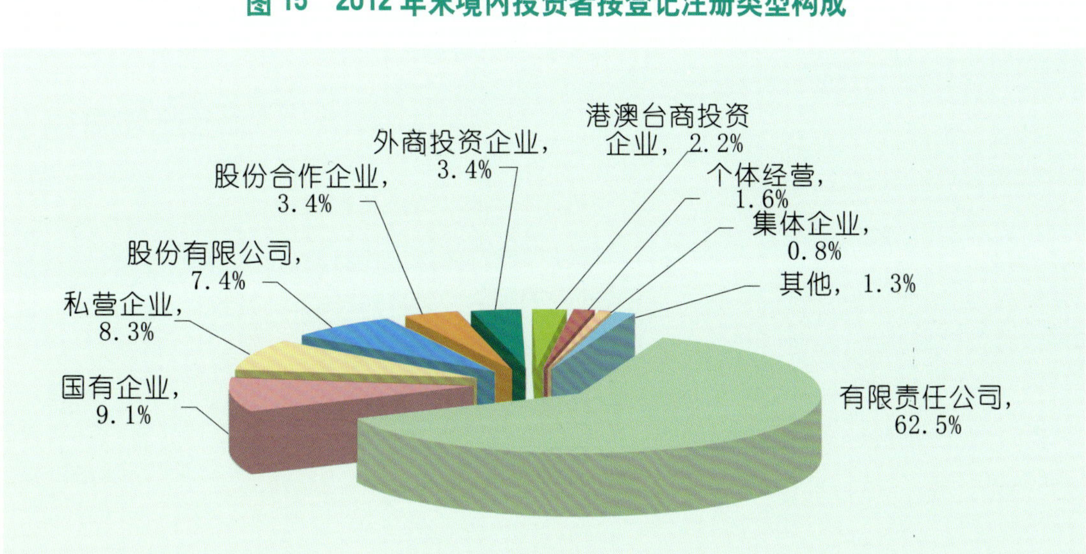

表19　2012年末境内投资者按登记注册类型分类情况

工商登记注册类型	家数(家)	比重(%)
有限责任公司	10 004	62.5
国有企业	1 461	9.1
私营企业	1 326	8.3
股份有限公司	1 191	7.4
股份合作企业	549	3.4
外商投资企业	536	3.4
港、澳、台商投资企业	358	2.2
个体经营	250	1.6
集体企业	130	0.8
其他	189	1.3
合计	**15 994**	**100.0**

在非金融类对外直接投资者中，中央企业及单位仅占2.9%，各省区市的投资者占97.1%。境内投资者数量前十位的省区市依然次为：浙江、广东、江苏、山东、福建、上海、北京、辽宁、湖南、河南，共占到境内投资者总数的74.8%。浙江省境内投资者数量最多，占16.8%，其次为广东省占14.5%，江苏省位列第三，占10.1%；私营企业投资者主要来自浙江、江苏、广东三省，占到55.9%。

图16　2012年末境内投资者行业构成情况

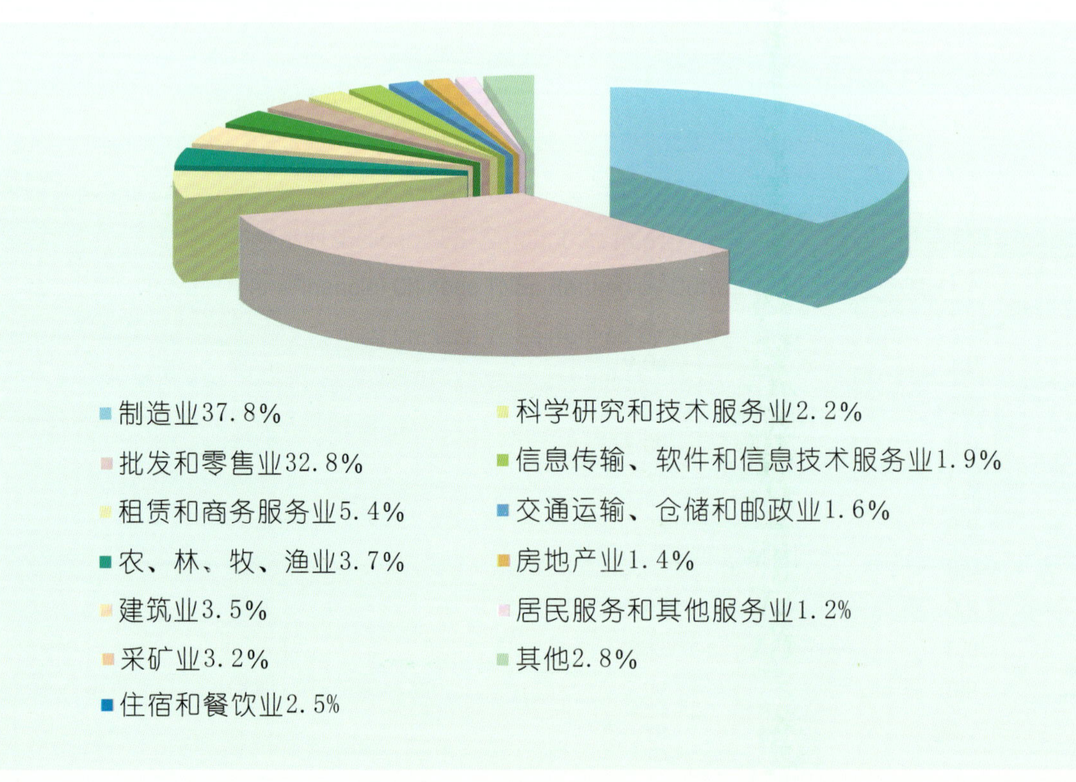

从境内投资者的行业分布看，制造业、批发和零售业超过1.1万家，占到境内投资者总数的七成。其中制造业占37.8%，较上年下降近5个百分点，主要分布在纺织服装、装饰业，通信设备、计算机及其他电子设备制造业，纺织业，电气机械及器材制造业，专用设备制造业，金属制品业，文教、美工、体育和娱乐用品制造业，医药制造业，化学原料及化学制品制造业，汽车制造业等；批发和零售业占32.8%，较上年增加近10个百分点。另外，租赁和商务服务业占5.4%；农、林、牧、渔业占3.7%；建筑业占3.5%；采矿业占3.2%。

表20　2012年境内投资者行业构成情况

行业	数量(家)	比重(%)
制造业	6 042	37.8
批发和零售业	5 241	32.8
租赁和商务服务业	870	5.4
农、林、牧、渔业	594	3.7
建筑业	562	3.5
采矿业	513	3.2
住宿和餐饮业	394	2.5
科学研究和技术服务业	351	2.2
信息传输、软件和信息技术服务业	304	1.9
交通运输、仓储和邮政业	258	1.6
房地产业	224	1.4
居民服务、修理和其他服务业	189	1.2
电力、热力、燃气及水的生产和供应业	129	0.8
文化、体育和娱乐业	101	0.6
其他	222	1.4
合计	**15 994**	**100.0**

五、中国对外直接投资企业的地区和行业分布

2012年底，中国近2.2万家对外直接投资企业（简称境外企业）分布在全球179个国家和地区。

（一）境外企业分布在全球近八成的国家和地区

2012年末，中国企业共在全球179个国家和地区设立了境外企业，覆盖率为76.8%。其中亚洲地区的境外企业覆盖率高达95.7%，欧洲为85.7%，非洲为85%。

表21 2012年末中国对外直接投资企业在全球的地区分布

洲别	2012年末国家(地区)总数(个)	中国境外企业覆盖的国家(地区)数量(个)	投资覆盖率(%)
亚洲	48	45	95.7
欧洲	49	42	85.7
非洲	60	51	85.0
北美洲	4	3	75.0
拉丁美洲	48	27	56.3
大洋洲	24	11	45.8
合计	**233**	**179**	**76.8**

注：亚洲国家地区数量包括中国，比重计算基期未包括。

图17 2012年末中国境外企业在世界各地区覆盖比率

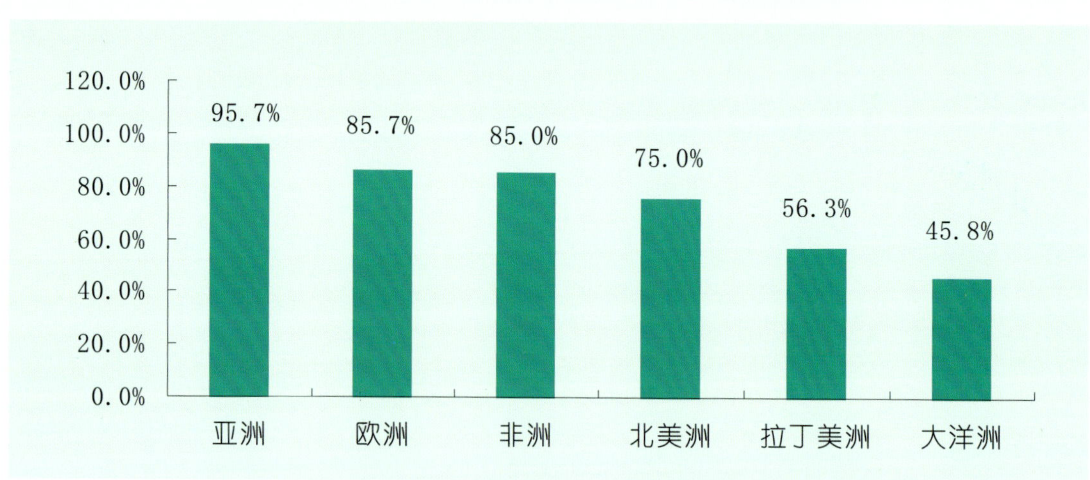

表22 2012年末中国境外企业未涉及的国家(地区)

洲别	数量	国家(地区)名称
亚洲	2	不丹、马尔代夫
非洲	9	加那利群岛、塞卜泰、留尼汪、索马里、布基纳法索、梅利利亚、斯威士兰、马约特、西撒哈拉
欧洲	7	安道尔、直布罗陀、冰岛、前南马其顿、梵蒂冈城国、法罗群岛、圣马力诺
拉丁美洲	21	阿鲁巴、伯利兹、博内尔、库腊索岛、法属圭亚那、瓜得罗普、危地马拉、海地、洪都拉斯、马提尼克、蒙特塞拉特、尼加拉瓜、波多黎各、萨巴、圣卢西亚、圣马丁岛、萨尔瓦多、特克斯和凯科斯群岛、圣其茨和尼维斯、圣皮埃尔和密克隆、荷属安地列斯
北美洲	1	格陵兰
大洋洲	13	盖比群岛、马克萨斯群岛、瑙鲁、新喀里多尼亚、诺福克岛、社会群岛、所罗门群岛、土阿莫土群岛、土布艾群岛、基里巴斯、图瓦卢、法属波利尼西亚、瓦利斯和浮图纳
合计	**53**	

（二）半数分布在亚洲地区，地域相对集中

中国在亚洲地区设立的境外企业数量近 1.2 万家，占 54.5%，主要分布在中国香港、越南、日本、阿拉伯联合酋长国、新加坡、老挝、印度尼西亚、韩国、泰国、柬埔寨等。其中在中国香港地区设立的境外企业超过 5300 家，占境外企业总数的 24.6%，是中国设立境外企业数量最集中的地区。

在欧洲地区设立的境外企业超过 3000 家，占 13.8%，主要分布在俄罗斯、德国、英国、荷兰、意大利、法国等国家。

在非洲地区设立的境外企业数量 2500 多家，占 11.6%，主要分布在尼日利亚、赞比亚、南非、埃塞俄比亚、加纳、埃及、苏丹、坦桑尼亚、安哥拉、阿尔及利亚等。

在北美洲地区设立的境外企业数量 2600 多家，占 12%，主要分布在美国、加拿大。中国企业在美国设立的境外企业数量仅次于中国香港。

在拉丁美洲设立的境外企业数量为 1088 家，占 5%，主要分布在英属维尔京群岛、巴西、开曼群岛、墨西哥、秘鲁、智利、阿根廷等。

在大洋洲地区设立的境外企业超过 500 家，占 3.1%，主要分布在澳大利亚、新西兰、巴布亚新几内亚、斐济、萨摩亚。

表23　2012年末中国境外企业地区构成情况

洲别	境外企业数量（家）	比重（%）
亚洲	11 906	54.5
欧洲	3 023	13.8
北美洲	2 629	12.0
非洲	2 529	11.6
拉丁美洲	1 088	5.0
大洋洲	685	3.1
合计	**21 860**	**100.0**

2012 年末，中国设立境外企业数量前 20 的国家地区是：中国香港、美国、俄罗斯联邦、越南、日本、德国、阿拉伯联合酋长国、澳大利亚、新加坡、老挝、加拿大、印度尼西亚、韩国、泰国、英属维尔京、柬埔寨、英国、蒙古、尼日利亚、马来西亚，累计超过 1.5 万家，占中国在国（境）外设立企业总数的 70.1%。

图 18　2012 年末中国境外企业地区分布

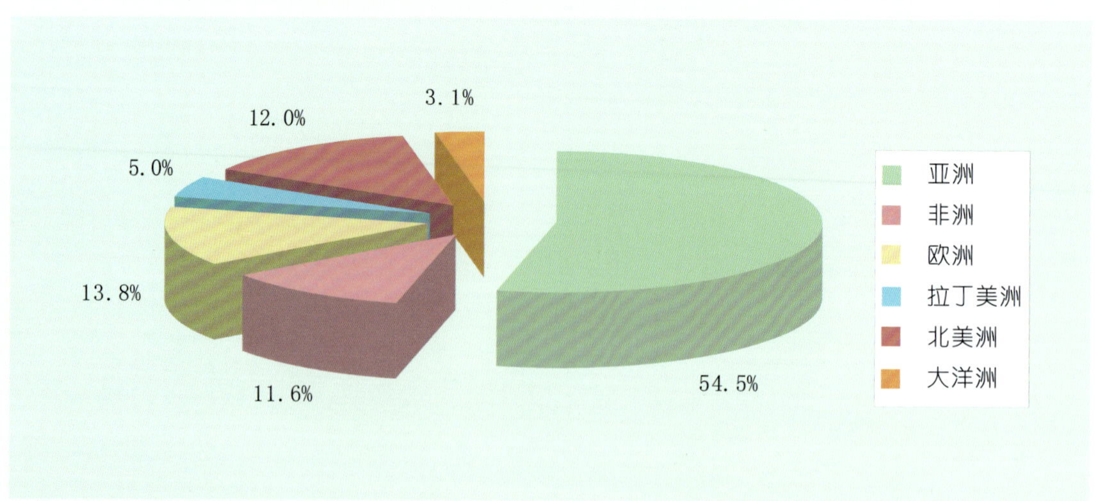

（三）行业分布广泛，批发和零售业、制造业占到五成

从境外企业分布的主要行业情况看，批发和零售业、制造业的境外企业数量均超过 5000 家，分别占到境外企业总数的27.4%和25.7%。此外，租赁和商务服务业占 12.9%，建筑业占 6.9%，采矿业占 6%，农、林、牧、渔业占 4.6%；科学研究、技术服务业占 4.1%；交通运输、仓储和邮政业占 3.5%；居民服务、修理和其他服务业占 2.6%；信息传输、软件和信息技术服务业占 2.6%，房地产业占 1.2%。

表24　2012年末中国境外企业的行业分布情况

行业类别	境外企业数量(家)	比重(%)
批发和零售业	5 983	27.4
制造业	5 620	25.7
租赁和商务服务业	2 822	12.9
建筑业	1 517	6.9
采矿业	1 308	6.0
农、林、牧、渔业	1 012	4.6
科学研究和技术服务业	887	4.1
交通运输、仓储和邮政业	758	3.5
居民服务、修理和其他服务业	571	2.6
信息传输、软件和信息技术服务业	453	2.1
房地产业	266	1.2
电力、热力、燃气及水的生产和供应业	221	1.0
住宿和餐饮业	215	1.0
文化、体育和娱乐业	162	0.7
水利、环境和公共设施管理业	30	0.2
其他	35	0.1
合计	**21 860**	**100.0**

（四）设立方式主要以境外子公司和分支机构为主

从中国境外企业的设立方式看，子公司占83.7%，分支机构占12%，累计占到境外企业数量的95.7%，联营公司仅占4.3%。

（五）地方企业占居主导，中央企业和单位仅占一成

从设立境外企业数量看，地方企业占88.4%，中央企业和单位仅占11.6%。浙江、广东、江苏、山东、上海、福建、辽宁、北京、湖南、天津位列地方境外企业数量前10位，累计占到境外企业总数的66.5%，其中浙江省是中国拥有境外企业数量最多的省份，占境外企业总数的17.1%；其次为广东省，占12.5%；江苏省位列第三，占8.7%。

图19　2012年末中国主要省市区设立境外直接投资企业情况

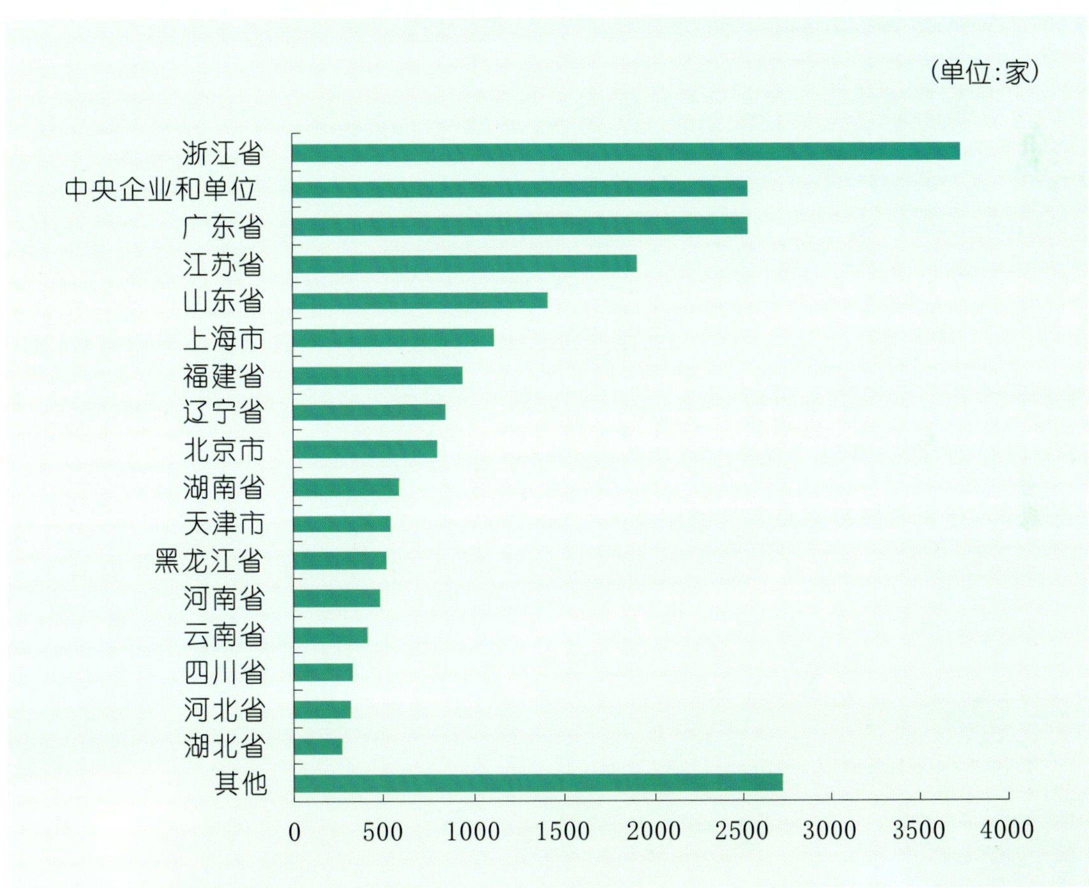

六、附 表

附表1 2004-2012各年中国对外直接投资流量情况表(分国家和地区)

单位：万美元

国家(地区)	2004年	2005年	2006年	2007年	2008年	2009年	2010年	2011年	2012年
合计	**549 799**	**1 226 117**	**1 763 397**	**2 650 609**	**5 590 717**	**5 652 899**	**6 881 131**	**7 465 404**	**8 780 353**
亚洲	**301 399**	**448 417**	**766 325**	**1 659 315**	**4 354 750**	**4 040 759**	**4 489 046**	**4 549 445**	**6 478 494**
阿富汗	--	--	25	10	11 391	1 639	191	29 554	1 761
阿拉伯联合酋长国	831	2 605	2 812	4 915	12 738	8 890	34 883	31 458	10 511
阿曼	--	522	2 668	259	-2 295	-624	1 103	951	337
巴基斯坦	142	434	-6 207	91 063	26 537	7 675	33 135	33 328	8 893
巴勒斯坦	--	--	--	--	--	--	--	--	2
巴林	--	7	-192	--	12	--	--	--	508
朝鲜	1 413	650	1 106	1 840	4 123	586	1 214	5 595	10 946
东帝汶	10	--	--	--	--	--	--	--	--
菲律宾	5	451	930	450	3 369	4 024	24 409	26 719	7 490
哈萨克斯坦	231	9 493	4 600	27 992	49 643	6 681	3 606	58 160	299 599
韩国	4 023	58 882	2 732	5 667	9 691	26 512	-72 168	34 172	94 240
吉尔吉斯斯坦	533	1 374	2 764	1 499	706	13 691	8 247	14 507	16 140
柬埔寨	2 952	515	981	6 445	20 464	21 583	46 651	56 602	55 966
卡塔尔	80	--	352	981	1 000	-374	1 114	3 859	8 446
科威特	169	--	406	-625	244	292	2 286	4 200	-1 188
老挝	356	2 058	4 804	15 435	8 700	20 324	31 355	45 852	80 882
黎巴嫩	2	--	--	--	--	--	42	--	--
马来西亚	812	5 672	751	-3 282	3 443	5 378	16 354	9 513	19 904
蒙古	4 016	5 234	8 239	19 627	23 861	27 654	19 386	45 104	90 403
孟加拉国	76	18	531	364	450	1 075	724	1 032	3 303
缅甸	409	1 154	1 264	9 231	23 253	37 670	87 561	21 782	74 896
尼泊尔	168	135	32	99	1	118	86	858	765
日本	1 530	1 717	3 949	3 903	5 862	8 410	33 799	14 942	21 065
塞浦路斯	--	--	--	30	--	--	--	8 954	348
沙特阿拉伯	199	2 145	11 720	11 796	8 839	9 023	3 648	12 256	15 367
斯里兰卡	25	3	25	-152	904	-140	2 821	8 123	1 675
塔吉克斯坦	499	77	698	6 793	2 658	1 667	1 542	2 210	23 411
台湾省	--	--	-3	-5	-6	4	1 735	1 108	11 288

附表1 续1

单位：万美元

国家(地区)	2004年	2005年	2006年	2007年	2008年	2009年	2010年	2011年	2012年
泰国	2 343	477	1 584	7 641	4 547	4 977	69 987	23 011	47 860
土耳其	158	24	115	161	910	29 326	782	1 350	10 895
土库曼斯坦	--	--	-4	126	8 671	11 968	45 051	-38 304	1 234
文莱	--	150	--	118	182	581	1 653	2 011	99
乌兹别克斯坦	108	9	107	1 315	3 937	493	-463	8 825	-2 679
新加坡	4 798	2 033	13 215	39 773	155 095	141 425	111 850	326 896	151 875
叙利亚	--	20	13	-1 126	-117	343	812	-208	-607
也门共和国	343	3 516	761	4 347	1 881	164	3 149	-912	1 407
伊拉克	--	--	35	36	-166	179	4 814	12 244	14 840
伊朗	1 755	1 160	6 578	1 142	-3 453	12 483	51 100	61 556	70 214
以色列	--	600	100	222	-100	--	1 050	201	1 158
印度	35	1 116	561	2 202	10 188	-2 488	4 761	18 008	27 681
印度尼西亚	6 196	1 184	5 694	9 909	17 398	22 609	20 131	59 219	136 129
约旦	--	101	-618	60	-163	11	7	18	983
越南	1 685	2 077	4 352	11 088	11 984	11 239	30 513	18 919	34 943
中国澳门	2 658	834	-4 251	4 731	64 338	45 634	9 604	20 288	1 660
中国香港	262 839	341 970	693 096	1 373 235	3 864 030	3 560 057	3 850 521	3 565 484	5 123 844
非洲	**31 743**	**39 168**	**51 986**	**157 431**	**549 055**	**143 887**	**211 199**	**317 314**	**251 666**
阿尔及利亚	1 121	8 487	9 893	14 592	4 225	22 876	18 600	11 434	24 588
埃及	572	1 331	885	2 498	1 457	13 386	5 165	6 645	11 941
埃塞俄比亚	43	493	2 395	1 328	971	7 429	5 853	7 230	12 156
安哥拉	18	47	2 239	4 119	-957	831	10 111	7 272	39 208
贝宁	1 377	131	--	632	1 456	9	176	75	506
博茨瓦纳	27	369	276	187	1 406	1 844	4 385	2 186	2 110
布隆迪	--	--	--	--	--	69	--	--	150
赤道几内亚	169	635	1 019	1 282	-486	2 088	2 208	1 247	13 884
多哥	185	31	458	270	420	891	1 177	904	2 059
厄立特里亚	--	--	1	45	-49	23	294	330	196
佛得角	--	32	23	9	48	--	-46	--	--
冈比亚	--	--	--	--	--	--	--	--	--
刚果(布)	51	811	1 324	250	979	2 807	3 438	681	9 880
刚果(金)	1 191	507	3 673	5 727	2 399	22 716	23 619	7 518	34 417
吉布提	--	--	--	100	--	340	423	566	--
几内亚	1 444	1 634	75	1 320	832	2 698	974	2 455	6 444
加纳	34	257	50	185	1 099	4 935	5 598	4 007	20 849
加蓬	560	208	553	331	3 205	1 188	2 344	193	3 069
津巴布韦	71	147	342	1 257	-72	1 124	3 380	44 003	28 747
喀麦隆	37	19	73	205	169	82	1 488	187	1 765

附表1　续2

单位：万美元

国家(地区)	2004年	2005年	2006年	2007年	2008年	2009年	2010年	2011年	2012年
科摩罗	--	--	--	--	--	--	-1	--	50
科特迪瓦	675	874	-291	174	-702	151	-502	87	361
肯尼亚	268	205	18	890	2 323	2 812	10 122	6 817	7 873
莱索托	3	60	--	--	62	10	56	3	21
利比里亚	58	865	-703	--	256	112	2 989	2 109	1 200
利比亚	6	25	-851	4 226	1 054	-3 855	-1 050	4 788	-668
卢旺达	--	142	299	-41	1 288	862	1 272	969	502
马达加斯加	1 364	14	117	1 324	6 116	4 256	3 358	2 310	843
马拉维	--	--	--	20	544	--	986	120	1 033
马里	--	--	260	672	-128	799	305	4 758	4 442
毛里求斯	44	204	1 659	1 558	3 444	1 412	2 201	41 946	5 783
毛里塔尼亚	9	36	478	-498	-65	653	577	1 969	3 087
摩洛哥	180	85	178	264	688	1 642	175	911	105
莫桑比克	66	288	--	1 003	585	1 585	28	2 026	23 052
纳米比亚	--	18	85	91	759	1 162	551	504	2 512
南非	1 781	4 747	4 074	45 441	480 786	4 159	41 117	-1 417	-81 491
南苏丹	--	--	--	--	--	--	--	5	780
尼日尔	153	576	794	10 083	-1	3 987	19 625	5 163	-19 594
尼日利亚	4 552	5 330	6 779	39 035	16 256	17 186	18 489	19 742	33 305
塞拉利昂	592	49	371	285	1 142	90	--	1 075	769
塞内加尔	--	--	--	24	360	1 104	1 896	19	447
塞舌尔	--	5	6	9	5	36	1 228	434	5 340
圣多美和普林西比	--	--	--	--	--	--	2	--	7
苏丹	14 670	9 113	5 079	6 540	-6 314	1 930	3 096	91 186	-169
坦桑尼亚	162	96	1 254	-382	1 822	2 158	2 572	5 312	11 970
突尼斯	22	--	173	-34	--	-130	-29	376	-65
乌干达	15	17	23	401	-670	129	2 650	991	979
赞比亚	223	1 009	8 744	11 934	21 397	11 180	7 505	29 178	29 155
乍得	--	271	161	75	947	5 121	213	-1 248	8 068
中非	--	--	--	--	--	--	2 581	248	--
欧洲	**15 721**	**39 549**	**59 771**	**154 043**	**87 579**	**335 272**	**676 019**	**825 108**	**703 509**
阿尔巴尼亚	--	--	1	--	--	--	8	--	
阿塞拜疆	20	--	394	-115	-66	173	37	1 768	34
爱尔兰	--	--	2 529	20	4 233	-95	3 288	1 693	4 888
奥地利	--	--	4	8	--	--	46	2 022	5 343
白俄罗斯	--	--	--	--	210	210	1 922	867	4 350
保加利亚	35	172	--	--	--	-243	1 629	5 390	5 417

附表1　续3

单位：万美元

国家(地区)	2004年	2005年	2006年	2007年	2008年	2009年	2010年	2011年	2012年
比利时	5	--	13	491	--	2 362	4 533	3 590	9 840
冰岛	--	--	--	--	--	--	-5	--	--
波兰	10	13	--	1 175	1 070	1 037	1 674	4 866	750
波斯尼亚和黑塞哥维纳	--	--	--	--	--	151	6	4	6
丹麦	-778	1 079	-5 891	27	133	264	161	589	514
德国	2 750	12 874	7 672	23 866	18 341	17 921	41 235	51 238	79 933
俄罗斯联邦	7 731	20 333	45 211	47 761	39 523	34 822	56 772	71 581	78 462
法国	1 031	609	560	962	3 105	4 519	2 641	348 232	15 393
芬兰	--	--	--	1	266	111	1 804	156	136
格鲁吉亚	484	--	994	821	1 000	778	4 057	80	6 874
荷兰	191	384	531	10 675	9 197	10 145	6 453	16 786	44 245
捷克	46	--	910	497	1 279	1 560	211	884	1 802
克罗地亚	--	--	--	120	--	26	3	5	5
拉脱维亚	--	--	--	-174	--	-3	--	--	--
立陶宛	--	--	--	--	--	--	--	--	100
列支敦士登	--	--	--	28	--	7	355	--	--
卢森堡	--	--	--	419	4 213	227 049	320 719	126 500	113 301
罗马尼亚	268	287	963	680	1 198	529	1 084	30	2 541
马耳他	37	--	10	-10	47	22	-237	27	--
马其顿共和国	--	--	--	--	--	--	--	--	6
挪威	--	--	14	360	9	360	13 473	1 857	849
葡萄牙	--	--	--	--	--	--	--	--	515
瑞典	264	100	530	6 806	1 066	810	136 723	4 901	28 522
瑞士	58	59	101	121	1	2 099	2 725	1 719	864
塞尔维亚	--	--	--	--	--	--	210	21	210
斯洛伐克	--	--	--	--	--	26	46	594	219
乌克兰	120	203	183	565	241	3	150	77	207
西班牙	170	147	730	609	116	5 986	2 926	13 974	4 624
希腊	20	--	--	3	12	--	--	43	88
匈牙利	10	65	37	863	215	821	37 010	1 161	4 140
意大利	310	746	763	810	500	4 605	1 327	22 483	11 858
英国	2 939	2 478	3 512	56 654	1 671	19 217	33 033	141 970	277 473
拉丁美洲	**176 272**	**646 616**	**846 874**	**490 241**	**367 725**	**732 790**	**1 053 827**	**1 193 582**	**616 974**
阿根廷	112	35	622	13 669	1 082	-2 282	2 723	18 515	74 325
安提瓜和巴布达	--	--	--	--	--	--	--	101	--
巴巴多斯	--	--	185	41	82	87	-211	--	81
巴哈马	4 356	2 295	272	3 899	-5 591	100	--	--	--
巴拉圭	--	--	--	--	300	647	2 783	557	142
巴拿马	10	836	--	833	652	1 369	2 606	116	72
巴西	643	1 509	1 009	5 113	2 238	11 627	48 746	12 640	19 410

附表1 续4

单位：万美元

国家(地区)	2004年	2005年	2006年	2007年	2008年	2009年	2010年	2011年	2012年
玻利维亚	--	8	1 800	197	414	1 801	306	867	4 321
伯利兹	--	--	--	--	6	--	-8	--	--
多米尼加共和国	--	--	--	--	6	6	--	--	--
多米尼克	--	--	--	--	--	--	--	50	--
厄瓜多尔	30	907	246	358	-942	1 790	2 206	-3 506	31 139
哥伦比亚	453	96	-336	22	676	574	694	3 325	8 351
哥斯达黎加	--	--	--	--	--	--	8	1	--
格林纳达	--	--	--	--	12	--	--		--
古巴	--	158	3 037	658	556	1 293	-1 635	7 671	-557
圭亚那	--	--	--	6 000	--	--	2 837	20	9 884
洪都拉斯	138	--	--	-438	-90	--	--	--	--
开曼群岛	128 613	516 275	783 272	260 159	152 401	536 630	349 613	493 646	82 743
秘鲁	22	55	540	671	2 455	5 849	13 903	21 425	-4 937
墨西哥	2 710	355	-369	1 716	563	82	2 673	4 154	10 042
圣文森特和格林纳丁斯	--	282	291	588	946	-946	905	--	--
苏里南	113	277	--	1 757	242	110	635	--	-3 323
特立尼达和多巴哥	--	--	--	--	--	--	--	10	19
委内瑞拉	466	740	1 836	6 953	978	11 572	9 439	8 177	154 176
乌拉圭	--	--	--	48	--	498	36	36	950
牙买加	--	--	--	--	214	--	221	3 545	3 586
英属维尔京群岛	38 552	122 608	53 811	187 614	210 433	161 205	611 976	620 833	223 928
智利	55	180	658	383	93	778	3 371	1 399	2 622
北美洲	**12 649**	**32 084**	**25 805**	**112 571**	**36 421**	**152 193**	**262 144**	**248 132**	**488 200**
加拿大	512	3 244	3 477	103 257	703	61 313	114 229	55 407	79 516
美国	11 993	23 182	19 834	19 573	46 203	90 874	130 829	181 142	404 785
百慕大群岛	145	5 658	2 494	-10 259	-10 484	6	17 086	11 583	3 899
大洋洲	**12 015**	**20 283**	**12 636**	**77 008**	**195 187**	**247 998**	**188 896**	**331 823**	**241 510**
澳大利亚	12 495	19 307	8 760	53 159	189 215	243 643	170 170	316 529	217 298
巴布亚新几内亚	10	588	2 862	19 681	2 992	480	533	1 665	2 569
斐济	--	25	465	249	797	240	557	1 963	6 832
库克群岛	--	--	--	--	--	--	--	--	12
马绍尔群岛共和国	--	--	200	3 416	800	2 670	1 318	-2 743	--
密克罗尼西亚联邦	--	16	--	625	-16	--	--	-289	341
帕劳共和国	--	--	--	50	752	--	50	57	--
瓦努阿图	--	--	--	--	--	--	--	79	293
萨摩亚	--	--	--	-12	--	63	9 893	11 773	4 759
新西兰	-490	347	349	-160	646	902	6 375	2 789	9 406

注：2004–2006各年流量为非金融类直接投资流量。

附表2 2004–2012各年末中国对外直接投资存量情况表(分国家和地区)

单位：万美元

国家(地区)	2004年	2005年	2006年	2007年	2008年	2009年	2010年	2011年	2012年
合计	**4 477 726**	**5 720 562**	**7 502 555**	**11 791 050**	**18 397 071**	**24 575 538**	**31 721 059**	**42 478 067**	**53 194 058**
亚洲	**3 347 955**	**4 095 431**	**4 797 804**	**7 921 793**	**13 131 699**	**18 554 720**	**22 814 597**	**30 343 470**	**36 440 706**
阿富汗	45	45	67	77	11 469	18 132	16 859	46 513	48 274
阿拉伯联合酋长国	4 656	14 453	14 463	23 431	37 599	44 029	76 429	117 450	133 678
阿曼	1	653	3 387	3 717	1 422	797	2 111	2 938	3 335
巴基斯坦*	3 645	18 881	14 824	106 819	132 799	145 809	182 801	216 299	223 361
巴勒斯坦	61	--	--	--	--	--	--	--	2
巴林	15	199	27	75	87	87	87	102	680
朝鲜	2 174	3 104	4 555	6 713	11 863	26 152	24 010	31 261	42 236
东帝汶	10	10	45	45	45	745	745	745	745
菲律宾	980	1 935	2 185	4 304	8 673	14 259	38 734	49 427	59 314
哈萨克斯坦	2 478	24 524	27 624	60 993	140 230	151 621	159 054	285 845	625 139
韩国*	56 192	88 222	94 924	121 414	85 034	121 780	63 725	158 268	308 190
吉尔吉斯斯坦*	1 926	4 506	12 476	13 975	14 681	28 372	39 432	52 505	66 219
柬埔寨	8 989	7 684	10 366	16 811	39 066	63 326	112 977	175 744	231 768
卡塔尔	270	270	848	3 979	4 979	3 628	7 705	13 018	22 066
科威特	253	123	631	51	296	588	5 087	9 286	8 284
老挝*	1 542	3 287	9 607	30 222	30 519	53 567	84 575	127 620	192 784
黎巴嫩	2	17	44	44	44	157	201	201	301
马来西亚*	12 324	18 683	19 696	27 463	36 120	47 989	70 880	79 762	102 613
蒙古	7 595	13 063	31 467	59 217	89 556	124 166	143 552	188 662	295 403
孟加拉国	866	3 296	3 966	4 330	4 814	6 030	6 758	7 668	11 725
缅甸	2 018	2 359	16 312	26 177	49 971	92 988	194 675	218 152	309 372
尼泊尔	332	299	359	866	867	1 413	1 594	2 480	3 358
日本	13 949	15 070	22 398	55 827	50 969	69 286	110 563	136 622	161 991
塞浦路斯	--	106	106	136	136	136	136	9 090	9 495
沙特阿拉伯*	209	5 845	27 284	40 403	62 068	71 089	76 056	88 314	120 586
斯里兰卡	679	1 543	846	774	1 678	1 581	7 274	16 258	17 858
塔吉克斯坦	2 154	2 279	3 028	9 899	22 717	16 279	19 163	21 674	47 612
台湾省*	--	--	20	15	9	13	1 819	2 935	13 532

附表2 续1

单位：万美元

国家(地区)	2004年	2005年	2006年	2007年	2008年	2009年	2010年	2011年	2012年
泰国*	18 188	21 918	23 267	37 862	43 716	44 788	108 000	130 726	212 693
土耳其*	289	423	1 038	1 199	2 236	38 617	40 363	40 648	50 251
土库曼斯坦	20	20	16	142	8 813	20 797	65 848	27 648	28 777
文莱*	13	190	190	438	651	1 737	4 566	6 613	6 635
乌兹别克斯坦	423	1 198	1 497	3 082	7 764	8 522	8 300	15 647	14 618
新加坡	23 309	32 548	46 801	144 393	333 477	485 732	606 910	1 060 269	1 238 333
叙利亚*	33	376	1 681	555	438	849	1 661	1 483	1 446
也门共和国	3 102	7 777	6 376	10 723	14 054	14 930	18 466	19 145	22 130
伊拉克	43 487	43 487	43 618	2 245	2 079	2 258	48 345	60 591	75 432
伊朗	4 668	5 608	11 059	12 235	9 427	21 780	71 516	135 156	207 046
以色列	32	632	865	1 087	987	1 137	2 187	2 388	3 846
印度	455	1 462	2 583	12 014	22 202	22 127	47 980	65 738	116 910
印度尼西亚	12 175	14 093	22 551	67 948	54 333	79 906	115 044	168 791	309 804
约旦	592	1 747	1 106	1 195	1 032	1 054	1 263	1 281	2 254
越南	16 032	22 918	25 363	39 699	52 173	72 850	98 660	129 066	160 438
中国澳门	62 483	59 870	61 247	91 067	156 078	183 723	222 929	267 589	292 927
中国香港	3 039 289	3 650 708	4 226 991	6 878 132	11 584 528	16 449 894	19 905 557	26 151 852	30 637 245
非洲	**89 955**	**159 525**	**255 682**	**446 183**	**780 383**	**933 227**	**1 304 212**	**1 624 432**	**2 172 971**
阿尔及利亚	3 449	17 121	24 737	39 389	50 882	75 126	93 726	105 945	130 533
埃及*	1 428	3 980	10 043	13 160	13 135	28 507	33 672	40 317	45 919
埃塞俄比亚	787	2 982	9 560	10 888	12 645	28 344	36 806	42 679	60 655
安哥拉*	47	879	3 723	7 846	6 889	19 554	35 177	40 059	124 510
贝宁	2 051	1 900	2 212	3 560	5 315	5 401	3 933	4 003	4 760
博茨瓦纳	380	1 812	2 552	4 339	6 526	11 925	17 852	20 038	22 015
布隆迪	2	--	165	165	165	464	651	720	870
赤道几内亚*	1 021	1 656	3 044	4 463	4 062	6 150	8 625	9 868	40 464
多哥	624	478	1 172	1 442	2 312	3 302	5 811	6 715	9 838
厄立特里亚*	12	12	663	722	673	960	1 254	1 431	10 378
佛得角	1	60	165	465	513	504	458	458	1 160
冈比亚	20	119	119	119	119	119	119	119	119
刚果(布)*	565	1 332	6 290	6 540	7 542	11 517	13 588	14 240	50 490
刚果(金)*	1 569	2 511	3 761	10 440	13 414	39 743	63 092	70 926	97 049
吉布提	40	40	60	160	160	703	1 247	1 813	1 799
几内亚	2 577	4 422	5 463	6 997	9 637	12 932	13 641	16 843	23 467
几内亚(比绍)	--	--	--	--	--	2 700	2 700	2 700	2 700
加纳	631	733	809	4 187	5 802	18 504	20 200	27 015	50 527
加蓬*	3 127	3 536	5 128	5 559	8 814	10 005	12 534	12 710	12 847
津巴布韦	3 806	4 163	4 615	5 915	6 001	9 975	13 454	57 644	87 467
喀麦隆	698	787	1 646	1 851	2 034	2 505	5 961	6 154	7 950

附表2 续2

单位：万美元

国家(地区)	2004年	2005年	2006年	2007年	2008年	2009年	2010年	2011年	2012年
科摩罗	1	1	405	405	405	405	404	404	454
科特迪瓦	1 410	2 911	2 504	2 818	2 116	3 765	3 299	3 467	4 004
肯尼亚	2 846	5 825	4 623	5 513	7 836	12 036	22 158	30 883	40 273
莱索托	3	60	760	760	822	832	888	891	913
利比里亚	638	1 595	2 951	2 978	3 736	5 639	8 167	11 474	15 437
利比亚	87	3 306	2 857	7 083	8 158	4 269	3 219	6 778	6 519
卢旺达	330	472	771	730	2 018	2 880	4 163	5 852	6 354
马达加斯加	4 063	4 994	5 434	7 601	14 652	19 622	22 987	25 363	27 455
马拉维	72	73	96	116	659	1 454	3 240	3 007	4 930
马里	1 316	1 328	1 983	3 222	3 095	4 472	4 777	16 006	21 143
毛里求斯	1 263	2 681	5 116	11 590	23 007	24 284	28 329	60 594	70 080
毛里塔尼亚	213	240	2 012	1 514	2 476	3 129	4 588	7 471	10 615
摩洛哥	906	2 059	2 701	2 965	2 806	4 878	5 585	8 948	9 522
莫桑比克	560	1 468	1 468	3 424	4 300	7 496	7 524	9 807	33 691
纳米比亚	221	236	643	724	1 995	4 618	4 711	6 021	9 453
南非	5 887	11 228	16 762	70 237	304 862	230 686	415 298	405 973	477 507
南苏丹	--	--	--	--	--	--	--	5	1 090
尼日尔*	1 403	2 044	3 299	13 453	13 650	18 420	37 936	42 957	12 533
尼日利亚*	7 561	9 411	21 594	63 032	79 591	102 596	121 085	141 561	194 987
塞拉利昂*	574	1 845	1 489	3 228	4 370	5 123	4 148	5 223	5 771
塞内加尔*	258	235	415	439	1 061	2 607	4 503	4 520	10 222
塞舌尔	42	419	646	655	660	700	1 936	2 380	7 719
圣多美和普林西比	--	--	--	--	--	--	31	31	38
苏丹*	17 161	35 153	49 713	57 485	52 825	56 389	61 336	152 564	123 660
坦桑尼亚	5 380	6 202	11 193	11 092	19 022	28 179	30 751	40 707	54 080
突尼斯	128	215	391	357	357	227	253	629	569
乌干达	23	497	1 467	1 868	1 198	5 856	11 368	12 621	14 110
赞比亚	14 775	16 031	26 786	42 936	65 133	84 397	94 373	119 984	199 811
乍得	--	271	1 278	1 353	2 536	7 657	8 000	10 812	19 412
中非	--	200	398	398	398	1 671	4 654	5 102	5 102
欧洲	**67 665**	**127 293**	**226 982**	**445 854**	**513 396**	**867 678**	**1 571 031**	**2 445 003**	**3 697 512**
阿尔巴尼亚	--	50	51	51	51	435	443	443	443
阿塞拜疆	371	265	1 092	1 019	953	1 200	1 238	3 006	3 168
爱尔兰	4	4	2 530	2 923	10 777	10 682	13 991	15 683	19 377
爱沙尼亚*	--	126	126	126	126	750	750	750	350
奥地利	70	7	32	404	404	155	201	2 454	7 946
白俄罗斯*	--	29	29	29	239	449	2 371	2 907	7 747
保加利亚	146	299	474	474	474	231	1 860	7 256	12 674

附表2 续3

单位：万美元

国家(地区)	2004年	2005年	2006年	2007年	2008年	2009年	2010年	2011年	2012年
比利时	164	234	267	3 398	3 330	5 691	10 101	14 050	23 069
冰岛	--	110	5	5	5	5	--	--	--
波兰	287	1 239	8 718	9 893	10 993	12 030	14 031	20 126	20 811
波斯尼亚和黑塞哥维纳	401	351	351	351	351	592	598	601	607
丹麦	6 720	9 659	3 648	3 675	3 808	4 079	4 247	4 913	5 324
德国*	12 921	26 835	47 203	84 541	84 550	108 224	150 229	240 144	310 435
俄罗斯联邦	12 348	46 557	92 976	142 151	183 828	222 037	278 756	376 364	488 849
法国	2 168	3 382	4 488	12 681	16 713	22 103	24 362	372 389	395 077
芬兰	--	90	93	94	359	904	2 725	3 100	3 403
格鲁吉亚	484	2 215	3 209	4 293	6 586	7 533	13 017	10 935	17 808
荷兰	897	1 495	2 043	13 876	23 442	33 587	48 671	66 468	110 792
黑山	--	--	--	32	32	32	32	32	32
捷克*	111	138	1 467	1 964	3 243	4 934	5 233	6 683	20 245
克罗地亚	--	75	75	784	784	810	813	818	863
拉脱维亚	161	161	231	57	57	54	54	54	54
立陶宛	--	393	393	393	393	393	393	393	697
列支敦士登	--	--	--	28	28	36	391	391	391
卢森堡	--	--	--	6 702	12 283	248 438	578 675	708 197	897 789
罗马尼亚	3 110	3 943	6 563	7 288	8 566	9 334	12 495	12 583	16 109
马耳他	37	137	197	187	481	503	266	337	337
马其顿	--	20	20	20	20	20	20	20	26
摩尔多瓦	--	78	78	78	78	78	78	78	211
挪威	--	--	16	375	385	1 295	14 776	16 659	18 813
葡萄牙	20	--	20	171	171	502	2 137	3 313	4 038
瑞典	644	2 246	2 002	14 693	15 759	11 189	147 912	153 122	240 817
瑞士	186	245	758	888	891	3 030	5 854	9 194	10 132
塞尔维亚*	--	--	--	200	200	268	484	505	647
塞尔维亚和黑山	--	200	200	--	--	--	--	--	--
斯洛伐克*	10	10	10	510	510	936	982	2 578	8 601
斯洛文尼亚	--	12	140	140	140	500	500	500	500
乌克兰	131	278	654	1 351	1 592	2 079	2 229	2 929	3 314
西班牙	12 767	13 012	13 672	14 285	14 501	20 523	24 776	38 931	43 725
希腊	35	35	35	38	168	168	423	463	598
匈牙利	542	281	5 365	7 817	8 875	9 741	46 570	47 535	50 741
亚美尼亚	--	125	125	125	125	132	132	132	132
意大利	2 084	2 160	7 441	12 713	13 360	19 168	22 380	44 909	57 393
英国*	10 846	10 797	20 187	95 031	83 766	102 828	135 835	253 058	893 427
拉丁美洲	**826 837**	**1 146 961**	**1 969 437**	**2 470 091**	**3 224 015**	**3 059 548**	**4 387 564**	**5 517 175**	**6 821 163**
阿根廷	1 927	422	1 134	15 719	17 336	16 905	21 899	40 525	89 719
安提瓜和巴布达	20	40	125	125	125	125	125	484	544
巴巴多斯	187	165	201	242	325	600	388	313	395
巴哈马*	8 010	1 469	1 752	5 651	60	160	160	160	60
巴拉圭	--	--	--	--	478	1 125	3 907	4 465	4 606
巴拿马*	41	3 477	3 692	5 531	6 738	8 109	23 658	33 078	19 662
巴西*	7 922	8 139	13 041	18 955	21 705	36 089	92 365	107 179	144 951

附表2 续4

单位：万美元

国家(地区)	2004年	2005年	2006年	2007年	2008年	2009年	2010年	2011年	2012年
玻利维亚*	--	8	2 106	2 303	2 862	5 565	6 485	6 632	15 619
伯利兹	--	--	2	2	8	8	--	--	--
多米尼加共和国*	--	--	--	--	6	12	12	12	112
多米尼克	--	--	70	70	70	70	415	815	815
厄瓜多尔	219	1 812	3 904	4 918	8 860	10 660	12 958	9 524	40 763
哥伦比亚*	672	736	570	677	1 371	2 050	2 297	5 980	34 615
哥斯达黎加	--	--	--	--	--	200	208	209	209
格林纳达	--	--	403	753	765	765	1 452	1 454	1 454
古巴*	1 485	3 359	5 991	6 649	7 205	8 532	6 898	14 637	13 569
圭亚那*	1 286	560	860	6 860	6 950	14 961	18 317	13 513	15 188
洪都拉斯	561	528	528	90	--	--	--	--	--
开曼群岛	665 991	893 559	1 420 919	1 681 068	2 032 745	1 357 707	1 725 627	2 169 232	3 007 200
秘鲁	12 582	12 922	13 040	13 711	19 434	28 454	65 449	80 224	75 287
墨西哥	12 529	14 186	12 861	15 144	17 308	17 390	15 287	26 388	36 848
圣文森特和格林纳丁斯	560	1 227	1 492	2 080	3 249	2 303	3 619	3 620	3 620
苏里南	1 025	1 302	3 221	6 528	6 770	6 880	7 884	7 884	4 561
特立尼达和多巴哥	--	--	80	80	80	80	80	90	109
委内瑞拉	2 678	4 265	7 158	14 388	15 596	27 196	41 652	50 100	204 276
乌拉圭	55	56	163	211	211	715	751	815	1 765
牙买加	--	--	2	2	216	216	437	3 907	7 493
英属维尔京群岛	108 938	198 358	475 040	662 654	1 047 733	1 506 069	2 324 276	2 926 141	3 085 095
智利	148	371	1 084	5 680	5 809	6 602	10 958	9 794	12 628
北美洲	**90 921**	**126 323**	**158 702**	**324 089**	**365 978**	**518 470**	**782 926**	**1 347 243**	**2 550 299**
加拿大	5 879	10 329	14 072	125 452	126 843	167 034	260 260	372 756	505 072
美国	66 520	82 268	123 787	188 053	238 990	333 842	487 399	899 303	1 707 977
百慕大群岛*	18 522	33 726	20 843	10 584	145	17 594	35 267	75 184	337 250
大洋洲	**54 394**	**65 029**	**93 948**	**183 040**	**381 600**	**641 895**	**860 729**	**1 200 744**	**1 511 407**
澳大利亚	49 458	58 746	79 435	144 401	335 529	586 310	786 775	1 104 125	1 387 305
巴布亚新几内亚*	331	843	6 130	25 811	28 993	31 511	32 326	34 152	36 548
斐济	177	955	1 867	2 242	3 060	3 300	3 943	6 107	17 091
库克群岛	--	--	--	--	--	--	--	--	12
马绍尔群岛*	--	--	200	3 616	4 416	8 086	7 352	10 737	11 687
密克罗尼西亚联邦	34	50	116	741	725	725	725	436	777
帕劳	10	--	--	50	850	852	902	959	959
所罗门群岛	--	--	--	--	--	--	--	--	--
汤加	303	554	711	711	711	711	711	711	711
瓦努阿图	3	273	273	273	273	775	1 284	1 992	2 331
萨摩亚*	90	90	90	78	78	240	10 133	22 979	26 601
新西兰*	3 322	3 518	5 127	5 117	6 965	9 385	15 911	18 546	27 385
大洋洲其他国家地区	667	--	--	--	--	--	667	--	--

注:1.“*”表示该国家(地区)2012年末存量数据中包含对以往历史数据进行调整部分。

2.2004–2006年末数据为中国非金融类对外直接投资存量数据。

附表3 2004–2012各年中国对外直接投资流量行业分布情况

单位：万美元

	行业分类	2004年	2005年	2006年	2007年	2008年	2009年	2010年	2011年	2012年
A	农、林、牧、渔业	28 866	10 536	18 504	27 171	17 183	34 279	53 398	79 775	146 138
B	采矿业	180 021	167 522	853 951	406 277	582 351	1 334 309	571 486	1 444 595	1 354 380
C	制造业	75 555	228 040	90 661	212 650	176 603	224 097	466 417	704 118	866 741
D	电力、热力、燃气及水的生产和供应业	7 849	766	11 874	15 138	131 349	46 807	100 643	187 543	193 534
E	建筑业	4 795	8 186	3 323	32 943	73 299	36 022	162 826	164 817	324 536
F	批发和零售业	79 969	226 012	111 391	660 418	651 413	613 575	672 878	1 032 412	1 304 854
G	交通运输、仓储和邮政业	82 866	57 679	137 639	406 548	265 574	206 752	565 545	256 392	298 814
H	住宿和餐饮业	203	758	251	955	2 950	7 487	21 820	11 693	13 663
I	信息传输、软件和信息技术服务业	3 050	1 479	4 802	30 384	29 875	27 813	50 612	77 646	124 014
J	金融业	--	--	352 999	166 780	1 404 800	873 374	862 739	607 050	1 007 084
K	房地产业	851	11 563	38 376	90 852	33 901	93 814	161 308	197 442	201 813
L	租赁和商务服务业	74 931	494 159	452 166	560 734	2 171 723	2 047 378	3 028 070	2 559 726	2 674 080
M	科学研究和技术服务业	1 806	12 942	28 161	30 390	16 681	77 573	101 886	70 658	147 850
N	水利、环境和公共设施管理业	120	13	825	271	14 145	434	7 198	25 529	3 357
O	居民服务、修理和其他服务业	8 814	6 279	11 151	7 621	16 536	26 773	32 105	32 863	89 040
P	教育	--	--	228	892	154	245	200	2 008	10 283
Q	卫生和社会工作	1	--	18	75		191	3 352	639	538
R	文化、体育和娱乐业	98	12	76	510	2 180	1 976	18 648	10 498	19 634
S	公共管理、社会保障和社会组织	4	171	--	--	--	--	--	--	--
	合计	**549 799**	**1 226 117**	**2 116 396**	**2 650 609**	**5 590 717**	**5 652 899**	**6 881 131**	**7 465 404**	**8 780 353**

附表4 2004–2012各年末中国对外直接投资存量行业分布情况

单位：万美元

	行业分类	2004年	2005年	2006年	2007年	2008年	2009年	2010年	2011年	2012年
A	农、林、牧、渔业	83 423	51 162	81 670	120 605	146 762	202 844	261 208	341 664	496 443
B	采矿业	595 137	865 161	1 790 162	1 501 381	2 286 840	4 057 969	4 466 064	6 699 537	7 478 420
C	制造业*	453 807	577 028	752 962	954 425	966 188	1 359 155	1 780 166	2 696 443	3 414 007
D	电力、热力、燃气及水的生产和供应业*	21 967	28 731	44 554	59 539	184 676	225 561	341 068	714 056	899 210
E	建筑业	81 748	120 399	157 032	163 434	268 070	341 322	617 328	805 110	1 285 604
F	批发和零售业	784 327	1 141 791	1 295 520	2 023 288	2 985 866	3 569 499	4 200 645	4 909 363	6 821 188
G	交通运输、仓储和邮政业	458 055	708 297	756 819	1 205 904	1 452 002	1 663 133	2 318 780	2 526 131	2 922 653
H	住宿和餐饮业	2 081	4 640	6 118	12 067	13 669	24 329	44 986	60 386	76 327
I	信息传输、软件和信息技术服务业*	119 237	132 350	144 988	190 089	166 696	196 724	840 624	955 324	481 971
J	金融业*	--	--	1 560 537	1 671 991	3 669 388	4 599 403	5 525 321	6 739 329	9 645 337
K	房地产业*	20 251	149 520	201 858	451 386	409 814	534 343	726 642	898 616	958 141
L	租赁和商务服务业	1 642 824	1 655 360	1 946 360	3 051 503	5 458 303	7 294 900	9 724 605	14 229 002	17 569 795
M	科学研究和技术服务业	12 398	60 431	112 129	152 103	198 189	287 413	396 712	438 838	679 276
N	水利、环境和公共设施管理业*	91 109	91 002	91 839	92 121	106 289	106 508	113 343	240 196	7 056
O	居民服务、修理和其他服务业*	109 314	132 338	117 420	129 885	71 468	96 137	322 974	161 558	358 124
P	教育	--	--	228	1 740	1 749	2 123	2 394	6 657	16 479
Q	卫生和社会工作	22	11	281	369	369	610	3 616	1 715	4 676
R	文化、体育和娱乐业	592	538	2 614	9 220	10 733	13 565	34 583	54 142	79 351
S	公共管理、社会保障和社会组织	1 434	1 803	--	--	--	--	--	--	--
	合计	**4 477 726**	**5 720 562**	**9 063 091**	**11 791 050**	**18 397 071**	**24 575 538**	**31 721 059**	**42 478 067**	**53 194 058**

注："*"表示该行业2012年末存量数据中包含对以往历史数据进行调整部分。

附表5　2004-2012各年中国非金融类对外直接投资流量情况(分省市区)

单位：万美元

地　区	2004年	2005年	2006年	2007年	2008年	2009年	2010年	2011年	2012年
一、中央合计	**452 517**	**1 020 369**	**1 523 692**	**1 958 488**	**3 598 284**	**3 819 275**	**4 243 698**	**4 502 314**	**4 352 693**
二、地方合计	**97 282**	**205 748**	**239 705**	**525 341**	**587 633**	**960 250**	**1 774 542**	**2 356 036**	**3 420 576**
北京市	15 739	11 306	5 612	15 295	47 299	45 185	76 614	117 503	168 855
天津市	1 754	1 887	2 808	7 993	8 200	20 992	34 132	40 706	67 495
河北省	1 286	8 538	4 880	5 394	5 363	21 993	53 237	46 363	57 809
山西省	411	562	1 849	8 347	2 702	33 295	7 926	18 319	30 966
内蒙古自治区	667	2 181	2 522	4 235	6 190	15 547	8 042	12 825	51 845
辽宁省	4 141	3 019	9 701	12 833	10 600	75 786	193 566	114 384	276 260
其中：大连市	3 554	1 144	6 748	6 542	4 427	46 384	163 229	74 591	203 087
吉林省	2 887	1 083	2 948	8 322	10 673	29 814	21 340	20 493	29 641
黑龙江省	5 645	16 643	21 796	17 851	22 797	12 131	23 780	23 834	72 405
上海市	20 564	66 680	44 863	52 266	33 714	120 869	158 468	183 802	331 618
江苏省	5 733	10 828	12 403	51 899	49 384	85 061	137 119	225 383	313 050
浙江省	7 225	15 817	21 528	40 346	38 768	70 226	267 915	185 287	236 023
其中：宁波市	2 481	3 285	3 674	5 253	22 515	21 097	39 460	75 573	63 839
安徽省	614	1 902	3 412	5 079	6 051	5 782	81 365	53 089	71 043
福建省	1 591	4 253	9 584	36 847	16 169	36 582	53 495	53 028	85 705
其中：厦门市	795	623	90	19 099	4 159	12 389	22 881	15 276	23 400
江西省	93	654	48	1 536	2 587	2 265	9 470	18 833	37 316
山东省	7 523	15 904	12 666	18 928	47 478	70 441	189 001	247 339	345 621
其中：青岛市	18	864	2 237	4 898	1 547	10 472	46 197	23 466	91 985
河南省	469	8 538	763	7 036	13 128	12 075	11 864	28 251	34 117
湖北省	131	485	286	903	350	4 116	8 061	70 903	49 687
湖南省	296	3 067	5 921	14 088	25 446	100 568	27 477	117 628	99 499
广东省	13 893	20 708	62 997	114 101	124 251	92 298	159 977	363 350	528 821
其中：深圳市	15 063	9 200	45 288	92 433	76 375	41 447	60 878	113 306	336 833
广西壮族自治区	450	321	390	2 620	3 844	8 169	18 682	16 714	27 240
海南省	--	6	343	122	82	6 072	22 179	121 999	32 012
重庆市	985	590	1 691	8 713	10 448	4 747	36 109	40 125	52 960
四川省	506	2 666	2 831	29 120	8 107	10 740	69 097	56 341	59 509
贵州省	--	--	--	51	25	522	289	2 033	2 025
云南省	491	2 072	2 907	13 641	28 467	27 008	51 339	24 845	104 046
西藏自治区	--	--	--	--	--	--	29	216	2
陕西省	234	302	115	2 058	14 063	22 462	26 055	44 816	60 784
甘肃省	317	3 770	2 087	15 364	35 808	1 852	10 176	64 917	138 209
青海省	--	100	80	110	202	209	138	173	1 280
宁夏回族自治区	137	109	1 818	569	502	1 509	711	1 295	6 421
新疆维吾尔自治区	216	861	172	8 535	6 934	18 057	4 776	31 474	43 123
新疆生产建设兵团	3 284	896	684	21 139	7 999	3 877	12 111	9 768	5 189
合计	**549 799**	**1 226 117**	**1 763 397**	**2 483 829**	**4 185 917**	**4 779 525**	**6 018 240**	**6 858 350**	**7 773 269**

附表6 2004-2012各年中国非金融类对外直接投资存量情况（分省市区）

单位：万美元

地　区	2004年	2005年	2006年	2007年	2008年	2009年	2010年	2011年	2012年
一、中央合计	**3 828 755**	**4 787 544**	**6 162 823**	**7 944 376**	**11 974 085**	**16 014 326**	**20 178 790**	**27 246 046**	**31 142 414**
二、地方合计	**648 971**	**933 018**	**1 339 732**	**2 174 684**	**2 753 598**	**3 961 809**	**6 016 948**	**8 492 697**	**12 406 307**
北京市	70 086	92 940	91 873	159 195	251 019	375 865	480 882	603 380	757 792
天津市	2 149	6 078	15 900	25 200	32 161	58 116	96 729	138 678	211 513
河北省	17 153	26 154	32 770	38 248	52 415	88 692	137 724	195 470	238 710
山西省	5 312	8 869	18 702	27 200	18 159	53 339	63 654	83 021	106 047
内蒙古自治区	1 430	4 116	8 875	13 984	20 405	40 100	47 055	56 517	122 260
辽宁省	7 715	8 221	27 970	44 395	60 554	149 230	340 696	435 698	695 281
其中：大连市	5 252	4 343	16 344	25 539	34 888	83 094	247 520	296 903	480 316
吉林省	6 694	7 945	10 784	21 554	37 929	70 767	89 958	111 548	145 396
黑龙江省	13 057	32 672	60 171	71 144	99 353	106 235	128 044	172 792	252 993
上海市	145 042	184 081	261 273	302 538	218 611	358 937	609 433	637 473	1 395 106
江苏省	27 369	39 098	58 871	116 499	172 677	249 872	388 814	570 194	783 185
浙江省	19 456	40 708	70 268	116 259	154 716	295 923	584 528	718 913	854 864
其中：宁波市	6 452	10 283	14 834	23 510	46 039	65 048	106 430	187 524	212 067
安徽省	2 237	4 183	10 062	15 351	20 379	27 594	110 842	165 408	237 120
福建省	19 212	20 873	52 371	91 608	113 231	158 800	196 773	244 754	323 701
其中：厦门市	4 232	1 360	5 417	21 242	31 666	38 813	60 443	80 557	99 578
江西省	608	881	2 022	5 478	9 126	12 905	22 136	39 751	78 934
山东省	48 780	67 673	110 340	161 360	208 025	262 255	495 823	862 620	1 197 009
其中：青岛市	15 752	19 752	39 067	69 325	59 636	46 487	123 774	149 036	245 339
河南省	5 640	17 624	8 666	21 703	33 001	57 655	70 689	97 460	144 188
湖北省	1 510	2 292	4 031	4 972	5 600	9 992	17 794	88 351	137 579
湖南省	721	3 481	10 329	29 344	67 427	204 782	271 626	329 577	413 331
广东省	224 885	318 040	417 318	724 311	868 514	954 523	1 162 951	1 798 111	2 517 617
其中：深圳市	35 706	112 804	212 350	400 271	480 619	473 986	615 287	832 918	1 320 198
广西壮族自治区	1 619	5 269	4 434	9 629	13 780	30 111	52 505	68 701	86 688
海南省	1 164	1 170	1 383	4 342	4 423	11 260	33 566	165 262	332 820
重庆市	12 033	6 300	7 419	16 071	27 674	30 323	65 565	110 572	170 951
四川省	2 891	8 740	14 339	44 322	39 758	53 524	125 352	192 478	224 573
贵州省	194	394	194	445	1 866	2 229	2 035	4 952	8 746
云南省	1 692	5 314	10 329	26 113	56 996	94 784	155 504	182 914	295 805
西藏自治区	160	160	160	100	152	152	180	377	1 033
陕西省	859	1 365	2 864	5 667	19 299	41 518	69 786	113 806	179 387
甘肃省	2 024	5 976	8 175	24 550	59 291	61 085	71 158	133 950	268 562
青海省	102	203	283	340	492	751	890	1 304	3 149
宁夏回族自治区	149	1 179	2 934	2 645	3 729	3 979	4 672	5 956	11 934
新疆维吾尔自治区	1 811	4 301	8 994	14 212	38 419	51 601	68 983	103 390	145 444
新疆生产建设兵团	5 217	6 718	5 628	35 905	44 416	44 910	50 598	59 319	64 589
合计	**4 477 726**	**5 720 562**	**7 502 555**	**10 119 060**	**14 727 683**	**19 976 135**	**26 195 738**	**35 738 743**	**43 548 721**

附表7 2005-2012各年中国对欧盟直接投资流量情况

单位：万美元

国 家	2005年	2006年	2007年	2008年	2009年	2010年	2011年	2012年
爱尔兰	--	2 529	20	4 233	-95	3 288	1 693	4 888
爱沙尼亚	--	--	--	--	--	--	--	--
奥地利	--	4	8	--	--	46	2 022	5 343
保加利亚	172	--	--	--	-243	1 629	5 390	5 417
比利时	--	13	491	--	2 362	4 533	3 590	9 840
波 兰	13	--	1 175	1 070	1 037	1 674	4 866	750
丹 麦	1 079	-5 891	27	133	264	161	589	514
德 国	12 874	7 672	23 866	18 341	17 921	41 235	51 238	79 933
法 国	609	560	962	3 105	4 519	2 641	348 232	15 393
芬 兰	--	--	1	266	111	1 804	156	136
荷 兰	384	531	10 675	9 197	10 145	6 453	16 786	44 245
捷 克	--	910	497	1 279	1 560	211	884	1 802
拉脱维亚	--	--	-174	--	-3	--	--	--
立陶宛	--	--	--	--	--	--	--	100
卢森堡	--	--	419	4 213	227 049	320 719	126 500	113 301
罗马尼亚	287	963	680	1 198	529	1 084	30	2 541
马耳他	--	10	-10	47	22	-237	27	--
葡萄牙	--	--	--	--	--	--	--	515
瑞 典	100	530	6 806	1 066	810	136 723	4 901	28 522
塞浦路斯	--	--	30	--	--	--	8 954	348
斯洛伐克	--	--	--	--	26	46	594	219
斯洛文尼亚	--	--	--	--	--	--	--	--
西班牙	147	730	609	116	5 986	2 926	13 974	4 624
希 腊	--	--	3	12	--	--	43	88
匈牙利	65	37	863	215	821	37 010	1 161	4 140
意大利	746	763	810	500	4 605	1 327	22 483	11 858
英 国	2 478	3 512	56 654	1 671	19 217	33 033	141 970	277 473
合 计	**18 954**	**12 873**	**104 412**	**46 662**	**296 643**	**596 306**	**756 083**	**611 990**

注：2005、2006年为中国对欧盟非金融类对外直接投资流量。

附表8 2005-2012各年末中国对欧盟直接投资存量情况

单位：万美元

国家	2005年	2006年	2007年	2008年	2009年	2010年	2011年	2012年
爱尔兰	4	2 530	2 923	10 777	10 682	13 991	15 683	19 377
爱沙尼亚	126	126	126	126	750	750	750	350
奥地利	7	32	404	404	155	201	2 454	7 946
保加利亚	299	474	474	474	231	1 860	7 256	12 674
比利时	234	267	3 398	3 330	5 691	10 101	14 050	23 069
波兰	1 239	8 718	9 893	10 993	12 030	14 031	20 126	20 811
丹麦	9 659	3 648	3 675	3 808	4 079	4 247	4 913	5 324
德国	26 835	47 203	84 541	84 550	108 224	150 229	240 144	310 435
法国	3 382	4 488	12 681	16 713	22 103	24 362	372 389	395 077
芬兰	90	93	94	359	904	2 725	3 100	3 403
荷兰	1 495	2 043	13 876	23 442	33 587	48 671	66 468	110 792
捷克	138	1 467	1 964	3 243	4 934	5 233	6 683	20 245
拉脱维亚	161	231	57	57	54	54	54	54
立陶宛	393	393	393	393	393	393	393	697
卢森堡	--	--	6 702	12 283	248 438	578 675	708 197	897 789
罗马尼亚	3 943	6 563	7 288	8 566	9 334	12 495	12 583	16 109
马耳他	137	197	187	481	503	20	337	337
葡萄牙	--	20	171	171	502	2 137	3 313	4 038
瑞典	2 246	2 002	14 693	15 759	11 189	147 912	153 122	240 817
塞浦路斯	106	106	136	136	136	136	9 090	9 495
斯洛伐克	10	10	510	510	936	982	2 578	8 601
斯洛文尼亚	12	140	140	140	500	500	500	500
西班牙	13 012	13 672	14 285	14 501	20 523	24 776	38 931	43 725
希腊	35	35	38	168	168	423	463	598
匈牙利	281	5 365	7 817	8 875	9 741	46 570	47 535	50 741
意大利	2 160	7 441	12 713	13 360	19 168	22 380	44 909	57 393
英国	10 797	20 187	95 031	83 766	102 828	135 835	253 058	893 427
合计	**76 801**	**127 451**	**294 210**	**317 385**	**627 783**	**1 249 689**	**2 029 079**	**3 153 824**

注：2005、2006年为中国对欧盟非金融类对外直接投资存量。

附表9 2005–2012各年中国对东南亚国家联盟直接投资流量情况

单位：万美元

国家	2005年	2006年	2007年	2008年	2009年	2010年	2011年	2012年
菲律宾	451	930	450	3 369	4 024	24 409	26 719	7 490
柬埔寨	515	981	6 445	20 464	21 583	46 651	56 602	55 966
老挝	2 058	4 804	15 435	8 700	20 324	31 355	45 852	80 882
马来西亚	5 672	751	-3 282	3 443	5 378	16 354	9 513	19 904
缅甸	1 154	1 264	9 231	23 253	37 670	87 561	21 782	74 896
泰国	477	1 584	7 641	4 547	4 977	69 987	23 011	47 860
文莱	150	--	118	182	581	1 653	2 011	99
新加坡	2 033	13 215	39 773	155 095	141 425	111 850	326 896	151 875
印度尼西亚	1 184	5 694	9 909	17 398	22 609	20 131	59 219	136 129
越南	2 077	4 352	11 088	11 984	11 239	30 513	18 919	34 943
合计	**15 771**	**33 575**	**96 808**	**248 435**	**269 810**	**440 464**	**590 524**	**610 044**

注：2005、2006年为中国对东盟非金融类对外直接投资流量。

附表10 2005–2012各年末中国对东南亚国家联盟直接投资存量情况

单位：万美元

国家	2005年	2006年	2007年	2008年	2009年	2010年	2011年	2012年
菲律宾	1 935	2 185	4 304	8 673	14 259	38 734	49 427	59 314
柬埔寨	7 684	10 366	16 811	39 066	63 326	112 977	175 744	231 768
老挝	3 287	9 607	30 222	30 519	53 567	84 575	127 620	192 784
马来西亚	18 683	19 696	27 463	36 120	47 989	70 880	79 762	102 613
缅甸	2 359	16 312	26 177	49 971	92 988	194 675	218 152	309 372
泰国	21 918	23 267	37 862	43 716	44 788	108 000	130 726	212 693
文莱	190	190	438	651	1 737	4 566	6 613	6 635
新加坡	32 548	46 801	144 393	333 477	485 732	606 910	1 060 269	1 238 333
印度尼西亚	14 093	22 551	67 948	54 333	79 906	115 044	168 791	309 804
越南	22 918	25 363	39 699	52 173	72 850	98 660	129 066	160 438
合计	**125 615**	**176 338**	**395 317**	**648 699**	**957 142**	**1 435 021**	**2 146 170**	**2 823 754**

注：2005、2006年为中国对东盟非金融类对外直接投资存量。

附表11 按2012年末对外直接投资存量排序的中国非金融类跨国公司100强

序 号	公司名称
1	中国石油化工集团公司
2	中国石油天然气集团公司
3	中国海洋石油总公司
4	中国移动通信集团公司
5	华润(集团)有限公司
6	中国远洋运输(集团)总公司
7	中国铝业公司
8	中国中化集团公司
9	招商局集团有限公司
10	中国建筑工程总公司
11	中国联合网络通信集团有限公司
12	中国五矿集团公司
13	中国化工集团公司
14	中国中信集团有限公司
15	中粮集团有限公司
16	中国航空集团公司
17	国家电网公司
18	中国中钢集团公司
19	中国长江三峡集团公司
20	中国外运长航集团有限公司
21	中国海运集团总公司
22	中国华能集团公司
23	海航集团有限公司
24	华为技术有限公司
25	中国有色矿业集团有限公司
26	广东粤海控股有限公司
27	中国兵器工业集团公司
28	中国交通建设集团公司
29	宝钢集团有限公司
30	上海吉利兆圆国际投资有限公司
31	中国电力投资集团公司
32	兖州煤业股份有限公司
33	中国冶金科工集团有限公司

附表11　续1

序　号	公司名称
34	金川集团股份有限公司
35	联想控股有限公司
36	上海汽车集团股份有限公司
37	中国水利水电建设集团公司
38	武汉钢铁(集团)公司
39	上海市医药集团股份有限公司
40	中国航空工业集团公司
41	中国港中旅集团公司
42	深业集团有限公司
43	中兴通讯股份有限公司
44	鞍钢集团公司
45	中国广核集团有限公司
46	神华集团有限责任公司
47	广州越秀集团有限公司
48	光明食品(集团)有限公司
49	长沙中联重工科技发展股份有限公司
50	湖南华菱钢铁集团有限责任公司
51	美的集团股份有限公司
52	中国国际海运集装箱(集团)股份有限公司
53	北京控股集团有限公司
54	安徽省外经建设(集团)有限公司
55	三一重工股份有限公司
56	大连万达集团股份有限公司
57	中国大唐集团公司
58	海尔集团电器产业有限公司
59	中铁建铜冠投资有限公司
60	首钢总公司
61	深圳能源集团股份有限公司
62	中国铁路工程总公司
63	中国兵器装备集团公司
64	中国电子信息产业集团有限公司
65	南光(集团)有限公司
66	广东省广晟资产经营有限公司

附表11 续2

序 号	公司名称
67	中国机械工业集团有限公司
68	中国国电集团公司
69	大冶有色金属公司
70	中国农业发展集团总公司
71	中国中材集团公司
72	中国黄金集团公司
73	中国诚通控股集团有限公司
74	广东省粤电集团有限公司
75	上海海外联合投资股份有限公司
76	吉林吉恩镍业股份有限公司
77	新疆中新资源有限公司
78	广东省交通集团有限公司
79	中国铁道建筑总公司
80	TCL集团股份有限公司
81	中国节能环保集团公司
82	中国华电集团公司
83	北京对外经贸控股有限责任公司
84	中国保利集团公司
85	中国葛洲坝集团股份有限公司
86	上海联和投资有限公司
87	电信科学技术研究院
88	内蒙古伊泰集团有限公司
89	重庆重钢矿产开发投资有限公司
90	白银有色集团股份有限公司
91	新疆金风科技股份有限公司
92	金陵投资控股有限公司
93	富丽达集团控股有限公司
94	烟台新益投资有限公司
95	中国南方航空集团公司
96	中国东方航空集团公司
97	天津优联投资发展集团有限公司
98	广东省航运集团有限公司
99	太原钢铁(集团)有限公司
100	中国通用技术集团控股有限责任公司

附表12 按2012年末境外企业资产总额排序的中国非金融类跨国公司100强

序 号	公司名称
1	中国石油化工集团公司
2	中国石油天然气集团公司
3	华润(集团)有限公司
4	中国联合网络通信集团有限公司
5	中国海洋石油总公司
6	中国建筑工程总公司
7	招商局集团有限公司
8	中国远洋运输(集团)总公司
9	中国中化集团公司
10	中国移动通信集团公司
11	中粮集团有限公司
12	中国铝业公司
13	中国中信集团有限公司
14	联想控股有限公司
15	中国电力投资集团公司
16	北京控股集团有限公司
17	中国五矿集团公司
18	广州越秀集团有限公司
19	中国保利集团公司
20	上海吉利兆圆国际投资有限公司
21	华为技术有限公司
22	上海汽车集团股份有限公司
23	兖州煤业股份有限公司
24	中国化工集团公司
25	中国海运集团总公司
26	中国电子信息产业集团有限公司
27	中国港中旅集团公司
28	广东粤海控股有限公司
29	海航集团有限公司
30	宝钢集团有限公司
31	中国华能集团公司
32	中国兵器工业集团公司
33	中国交通建设集团公司

附表12　续1

序　号	公司名称
34	中国冶金科工集团有限公司
35	国家电网公司
36	三河汇福粮油集团有限公司
37	重庆重钢矿产开发投资有限公司
38	北京对外经贸控股有限责任公司
39	中国中钢集团公司
40	中兴通讯股份有限公司
41	中国外运长航集团有限公司
42	中国广核集团有限公司
43	中国航空集团公司
44	中国长江三峡集团公司
45	中国航空工业集团公司
46	金川集团股份有限公司
47	中国葛洲坝集团股份有限公司
48	长沙中联重工科技发展股份有限公司
49	中国船舶重工集团公司
50	首钢总公司
51	中国有色矿业集团有限公司
52	中国水利水电建设集团公司
53	武汉钢铁(集团)公司
54	烟台新益投资有限公司
55	中国国际海运集装箱(集团)股份有限公司
56	三一重工股份有限公司
57	上海市医药集团股份有限公司
58	美的集团股份有限公司
59	湖南华菱钢铁集团有限责任公司
60	南光(集团)有限公司
61	江苏沙钢集团有限公司
62	山东能源集团有限公司
63	光明食品(集团)有限公司
64	海尔集团电器产业有限公司
65	中国中纺集团公司
66	同方股份有限公司

附表12 续2

序 号	公司名称
67	中国航空油料集团公司
68	中国黄金集团公司
69	吉林吉恩镍业股份有限公司
70	中国铁道建筑总公司
71	山东钢铁集团有限公司
72	河北钢铁集团有限公司
73	中国诚通控股集团有限公司
74	鞍钢集团公司
75	中国国电集团公司
76	中国机械工业集团有限公司
77	潍柴动力股份有限公司
78	中国电信集团公司
79	上海市糖业烟酒(集团)有限公司
80	大冶有色金属公司
81	海信集团有限公司
82	安徽省外经建设(集团)有限公司
83	中国铁路工程总公司
84	中国东方航空集团公司
85	中新苏州工业园区创业投资有限公司
86	金地(集团)股份有限公司
87	广东省交通集团有限公司
88	中国航天科技集团公司
89	中国船舶工业集团公司
90	中国华电集团公司
91	万向集团公司
92	内蒙古伊泰集团有限公司
93	四川长虹电器股份有限公司
94	神华集团有限责任公司
95	金堆城钼业公司
96	广东省广新控股集团有限公司
97	TCL集团股份有限公司
98	中国大唐集团公司
99	新疆金风科技股份有限公司
100	西安迈科金属国际集团有限公司

附表13 按2012年境外企业销售收入排序的中国非金融类跨国公司100强

序 号	公司名称
1	中国石油化工集团公司
2	中国石油天然气集团公司
3	中国中化集团公司
4	华润(集团)公司
5	中国海洋石油总公司
6	中国联合网络通信集团有限公司
7	联想控股有限公司
8	中国远洋运输(集团)总公司
9	中粮集团有限公司
10	上海吉利兆圆国际投资有限公司
11	上海汽车集团股份有限公司
12	中国电子信息产业集团有限公司
13	中国兵器工业集团公司
14	中国航空油料集团公司
15	中国中信集团有限公司
16	中国建筑工程总公司
17	中国五矿集团公司
18	珠海振戎公司
19	宝钢集团有限公司
20	中国港中旅集团公司
21	华为技术有限公司
22	中国化工集团公司
23	首钢总公司
24	河北钢铁集团有限公司
25	中国交通建设集团公司
26	中国中钢集团公司
27	北京控股集团有限公司
28	西安迈科金属国际集团有限公司
29	中兴通讯股份有限公司
30	中国电力投资集团公司
31	招商局集团有限公司
32	中国航空工业集团公司
33	中国海运集团总公司

附表13 续1

序 号	公司名称
34	南光(集团)有限公司
35	中国华能集团公司
36	上海万向投资有限公司
37	海信集团有限公司
38	中国保利集团公司
39	武汉钢铁(集团)公司
40	江苏沙钢集团有限公司
41	北京对外经贸控股有限责任公司
42	中国中纺集团公司
43	海尔集团电器产业有限公司
44	美的集团股份有限公司
45	广东粤海控股有限公司
46	中国有色矿业集团有限公司
47	华岳集团有限公司
48	江铜国际贸易有限公司
49	中国葛洲坝集团股份有限公司
50	中国冶金科工集团有限公司
51	济钢集团有限公司
52	珠海格力电器股份有限公司
53	广州越秀集团有限公司
54	兖州煤业股份有限公司
55	大冶有色金属公司
56	太原钢铁(集团)有限公司
57	上海电气(集团)总公司
58	山东如意科技集团有限公司
59	鞍钢集团公司
60	山东能源集团有限公司
61	金川集团股份有限公司
62	中国外运长航集团有限公司
63	同方股份有限公司
64	中国广核集团有限公司
65	中国通用技术集团控股有限责任公司
66	烟台新益投资有限公司

附表13 续2

序号	公司名称
67	中国航空集团公司
68	中国工艺(集团)公司
69	厦门国贸集团股份有限公司
70	瓮福(集团)有限责任公司
71	四川长虹电器股份有限公司
72	中国诚通控股集团有限公司
73	金龙精密铜管集团股份有限公司
74	云南铜业(集团)有限公司
75	长沙中联重工科技发展股份有限公司
76	南京南钢产业发展有限公司
77	江苏永钢集团有限公司
78	三一重工股份有限公司
79	阳谷祥光铜业有限公司
80	上海市糖业烟酒(集团)有限公司
81	深圳市中金岭南有色金属股份有限公司
82	厦门建发股份有限公司
83	中国建筑材料集团有限公司
84	开滦集团有限责任公司
85	深圳光汇石油集团股份有限公司
86	中地海外建设集团有限公司
87	中国铁道建筑总公司
88	宁波华泓创业投资有限公司
89	浙江华友钴业股份有限公司
90	常州中弘光伏有限公司
91	北京星宇车科技有限公司
92	天津物产国际贸易有限公司
93	中国铁路工程总公司
94	光明食品(集团)有限公司
95	中国铝业公司
96	广东南粤集团有限公司
97	铜陵有色金属集团控股有限公司
98	九三粮油工业集团有限公司
99	上海贝尔股份有限公司
100	山东科瑞控股集团有限公司

附　录

对外直接投资统计制度

中华人民共和国商务部
中华人民共和国国家统计局
国家外汇管理局

2012 年 12 月

一、总说明

（一）为准确、及时、全面地反映我国对外直接投资的实际情况，科学、有效地组织全国对外直接投资统计工作，充分发挥统计咨询、监督作用，依照《中华人民共和国统计法》及其实施细则，特制定本制度。

（二）本制度所称对外直接投资是指我国境内投资者以现金、实物、无形资产等方式在国外及港澳台地区设立、参股、兼并、收购国（境）外企业，拥有该企业10% 或以上的股权，并以拥有或控制企业的经营管理权为核心的经济活动。

（三）本制度适用于所有发生对外直接投资活动的境内机构和个人（以下简称境内投资者）。

（四）对外直接投资统计的基本任务是通过统计调查、统计分析和提供统计资料，全面、准确、及时地反映我国对外直接投资的全貌，为国家分析境外投资发展趋势，监测宏观运行，制定促进导向政策和实施监督管理，以及建立我国资本项目预警机制提供依据。

（五）对外直接投资统计实行统一领导，分级管理，逐级报送。

1. 商务部根据国家统计局的统一要求，负责全国对外直接投资的统计工作，管理各省、自治区、直辖市及计划单列市商务主管部门和中央企业的对外直接投资统计工作，综合编制、汇总全国对外直接投资统计资料。

2. 国家外汇管理局（以下简称外汇局）负责全国金融业的对外直接投资统计工作，管理金融业境内投资者的对外直接投资统计工作，综合编制、汇总并向商务部提供金融领域的对外直接投资统计资料。

3. 各省级商务主管部门负责本行政区域内对外直接投资统计工作，管理本行政区域内非金融业境内投资者（不包括该行政区域内中央管理的企业，下同）的对外直接投资统计工作，综合编制、汇总并向商务部报送本行政区域内的对外直接投资统计资料。

4. 境内投资者负责管理本单位的对外直接投资统计工作，按照本制度规定的表式搜集其境外直接投资企业的统计资料，综合编制、汇总并向省级商务主管部门、商务部或外汇局报送本单位的统计资料。

（六）对外直接投资统计的范围主要包括境内投资者通过直接投资方式在境外拥有或控制 10% 或以上投票权或其他等价利益的各类公司型和非公司型的境外直接投资企业（以下简称境外企业）。

境外企业按设立的方式主要分为境外子公司、联营公司和分支机构。

对外直接投资统计的内容主要包括：境内投资者的基本情况；境外企业的基本情况；境内投资者与境外企业间的投资、收益分配情况；通过境外企业实现的货物进出口情况；对外投资并购情况；通过境外企业再投资情况；境外经济贸易合作区情况；农业对外投资合作情况等。

（七）对外直接投资统计的指标主要包括：对外直接投资额；反向投资额；对外直接投资净额；实际交易额；资产总额；负债总额；所有者权益；实收资本；销售（营业）收入；利润总额；年末从业人数；境内投资者通过境外企业实现的出口额；境内投资者通过境外企业实现的进口额；对所在国缴纳的税金总额等。

（八）本制度采用定期填报统计报表方式，收集、整理统计资料。调查表分为年度报表和月度报表。

商务部、国家统计局和外汇局根据需要对重点统计调查项目采取典型调查方式，收集、整理统计资料，具体办法另文制定。

对外直接投资统计报表报送渠道：

1. 境内投资者为中央企业、单位的，直接向商务部报送统计报表。

2. 境内投资者为金融企业（包括银行、保险公司、证券公司、基金公司、信托公司、财务公司等）的，直接向外汇局报送统计报表。

3. 其他境内投资者向所在地省级商务主管部门报送统计报表。

4. 各省级商务主管部门汇总本行政区域内（不包括中央企业）的统计资料并上报商务部，同时抄送同级统计部门。

5. 外汇局负责收集、审核、汇总金融业境内投资者的统计资料，向商务部提供金融部分对外直接投资统计资料。

6. 商务部负责汇总全行业对外直接投资统计资料并报国家统计局。

境内投资者对外直接投资涉及的所有境外企业均按 1、2、3 渠道报送。

（九）对外直接投资统计数据采取定期公布制度。对外投资合作业务管理中使用的以及对外提供的统计资料，以商务部、国家统计局和外汇局公布的统计资料为准。

年度统计数据由商务部、国家统计局和外汇局于次年 9 月 30 日前以统计公报形式对外公布，月度统计数据由商务部于月后30日内对外公布，并自公布之日起10日内报国家统计局备案。每年1季度，商务部根据月度统计数据生成年度对外直接投资统计初步数据，同比计算基期为上年度统计初步数据。

对外公布的对外直接投资月度统计数据包括商务部根据上年度利润再投资测算的月度利润再投资，商务部根据测算比例将月度利润再投资分摊到有关行业、地区、省份等。

商务部、国家统计局和外汇局可根据对外直接投资实际情况对本年月度数据及上年度年报数据予以调整，年度最终数据以统计公报公布的数据为准。

（十）逢国家法定的节假日，统计报表的报送时间顺延。

（十一）本制度使用的国别（地区）统计代码，按海关总署制定的《国别（地区）统计代码》执行。

法人单位代码按各级技术监督部门颁发的《中华人民共和国组织机构代码证书》代码填报。

境内投资者所属行业类别按国家统计局发布的中华人民共和国《国民经济行业分类》（GB/T 4754-2011）执行，境外企业所属行业类别参照执行。

（十二）本制度由商务部负责解释。

（十三）本制度自2013年1月1日起正式施行，原《对外直接投资统计制度》（商合发［2010］520号）同时废止。

二、统计报表目录

表号	表名	报告期别	统计范围	报送、提供单位	报送、提供日期及方式
(一)综合报表					
FDI金融N1表	金融业境内投资者对外直接投资流量和存量(按国别地区分组)	年报	全部金融业境内投资者	国家外汇管理局	年后7月20日前向商务部提供，纸介质
FDI金融N2表	金融业境内投资者对外直接投资流量和存量(按国民经济行业分组)	年报	同上	同上	同上
FDI金融N3表	金融业境内投资者拥有的境外企业基本情况	年报	同上	同上	同上
FDI金融Y1表	金融业对外直接投资情况(按国别地区分组)	月报	同上	同上	月后20日前向商务部提供，纸介质
FDI金融Y2表	金融业对外直接投资情况(按国民经济行业分组)	月报	同上	同上	同上
(二)基层报表					
FDIN1表	境内投资者基本情况	年报	全部非金融业境内投资者	非金融业境内投资者	年后6月20日前报省级商务主管部门或商务部，网络传输
FDIN2表	境外企业基本情况	年报	同上	同上	同上
FDIN3表	境内投资者与境外企业间投资、收益分配情况	年报	同上	同上	同上
FDIN4表	通过境外企业实现的货物进出口情况	年报	同上	同上	同上
FDIN5表	境内投资者通过境外企业再投资情况	年报	同上	同上	同上
FDIN6	境外主要作物种植情况	年报	全部非金融业境内投资者	非金融业境内投资者	年后6月20日前报省级商务主管部门或商务部，网络传输
FDIY1表	对外直接投资情况	月报	同上	同上	月后10日内报省级商务主管部门或商务部，网络传输
FDIY2表	对外投资并购基本事项	月报	同上	同上	同上
FDIY3表	农业对外投资合作情况	月报	同上	同上	同上
FDIY4	境外经济贸易合作区情况	月报	同上	同上	同上

三、调查表式（略）

四、附录（略）

五、主要概念及指标解释

1. 对外直接投资

对外直接投资是指我国企业、团体等（以下简称境内投资者）在国外及港澳台地区以现金、实物、无形资产等方式投资，并以控制国（境）外企业的经营管理权为核心的经济活动。对外直接投资的内涵主要体现在一经济体通过投资于另一经济体而实现其持久利益的目标。

2. 直接投资企业

指境内投资者直接拥有或控制10%或以上投票权（对公司型企业）或其他等价利益的境外企业。境外企业按设立方式主要分为子公司、联营公司和分支机构。

（1）子公司：境内投资者拥有该境外企业50%以上的股东或成员表决权，并具有该境外企业行政、管理或监督机构主要成员的任命权或罢免权。

（2）联营公司：境内投资者拥有该境外企业10%－50%的股东或成员表决权。

（3）分支机构：即境内投资者在国（境）外的非公司型企业。

境内投资者在国（境）外的常设机构或办事处、代表处视同分支机构。

3. 对外直接投资额

指境内投资者在报告期内直接向其境外企业实现的投资，包括股本投资部分、利润再投资部分以及与公司之间债务交易有关的其他投资部分。

银行业的对外直接投资仅包括股本投资和其他投资（即境内银行在境外分行所享有的长期债权）。

（1）股本投资：指境内投资者在其境外分支机构的股本金，或在其境外子公司和联营公司的股份。

股本：等于报告年度末境外企业资产负债表中“股本”项乘以中方所占投资份额（或股权比重），当期股本资本的减少记作当期负流量。

新增股本：等于报告年度境外企业股本增加额乘以中方股权份额，其中包括境内投资者当年实际缴付的股本和由投资收益转增的股本。股本增加额为该企业年末、年初资产负债表“股本”项目相减之差。

（2）利润再投资：指境外子公司或联营公司未作为红利分配但应归属于境内投资者的利润部分，以及境外分支机构未汇给境内投资者的利润部分。

当期利润再投资：等于报告年度境外企业资产负债表中按中方股权比例计算的未分配利润期末数与期初数的差额，当期利润再投资为负数记入当期负流量。

利润再投资：等于报告年度境外企业资产负债表中按中方股权比例计算的未分配利润期末数，未分配利润期末数为负数不计入对外直接投资存量。

（3）其他投资：指境内投资者和境外子公司、分支机构以及联营公司之间的债务交易等，包括境内投资者与境外子公司、联营公司和分支机构的借贷。

其他投资：境内投资者当期提供给境外子公司、联营公司、分支机构的贷款记作当期对外直接投资流量和存量的增加；境外子公司、联营公司归还当期或以前年度境内投资者记作当期对外直接投资的负流量，同时应调减当期存量。

4. 反向投资额：指境外企业对境内投资者持股比例低于10%的投资。

5. 当期对外直接投资额：等于报告期境外企业新增股本加上当期利润再投资，加上对境内投资者的新增负债（指当期境内投资者对境外企业提供贷款）。

当期对外直接投资净额（简称流量）：等于报告期境外企业新增股本加上当期利润再投资，加上对境内投资者的新增负债（指当期境内投资者对境外企业提供贷款），减去当期境外企业对境内投资者的反向投资。

6. 累计对外直接投资额：等于报告期境外企业资产负债表中按中方投资比例计算的股本期末数加上按中方投资比例计算的未分配利润期末数，加上期末对境内投资者的负债（指境内投资者对境外企业提供贷款）。

累计对外直接投资净额（简称存量）：等于累计对外直接投资额减去境外企业累计对境内投资者的反向投资。

7. 资产总额：指企业拥有的流动资产、固定资产、无形资产、长期投资、在建工程、其他资产等用货币计量的价值总和。

8. 负债总额：反映报告期末企业承担的能够以货币计量、需要以资产或者劳务偿付的债务，包括流动负债、长期负债和其他负债。

9. 所有者权益：指所有者在企业资产中享有的经济利益（按股比计算），其金额为资产减去负债后的余额，包括实收资本（或者股本）、资本公积、盈余公积和未分配利润等。

10. 实收资本：指投资者按照企业章程，或合同、协议的约定，实际投入企业的资本。

11. 销售（营业）收入：指企业在销售商品或提供劳务等经营业务中实现的营业收入，包括主营业务收入和其他业务收入。

12. 利润总额：是企业在报告期的经营成果，包括营业利润、投资净收益和营业外收支净额。

13. 年末从业人员数：指报告年度末在境（内）外企业从事一定的劳动并取得劳动报酬或其他形式劳动报酬的全部人员数。

境外企业与中国境内有对外劳务合作经营资质的企业签订用工合同的相关从业人员不纳入境外企业年末从业人员统计。

14. 通过境外企业实现的货物出口总值：指通过境外企业在报告年度内出口的各种货物价值的总和。

15. 通过境外企业实现的货物进口总值：指通过境外企业在报告年度内进口的各种货物价值的总和。

16. 对所在国上缴税金总额：指境外企业按照投资所在国家或者地区的法律规定实际缴纳的各项税金之和。

17. 对境内投资者分配的投资收益：指境外企业依据境内投资者直接投资占有的权益份额分派给境内投资者的收益部分，包括红利、利润再投资、利息等。

18. 对境外企业分配的投资收益：指境外企业对境内投资者构成反向投资，境内投资者依据境外企业直接投资占有的权益份额分派给境外企业的收益部分，包括红利、利润再投资、利息等。

19. 实际汇回利润：指报告期内汇回境内投资者的当期利润及以前年度利润的总和。

20. 并购：是兼并和收购的总称。兼并指境内投资者（或通过其直接投资设立的境外企业）在国（境）外合并其他境外独立企业的行为。收购指境内投资者（或通过其直接投资设立的境外企业）在国（境）外用现金或者有价证券等方式购买境外实体企业（包括项目）的股票或者资产，以获得对该企业（或项目）的全部资产或者某项资产的所有权，或对该企业的控制权。

并购事项的统计界定：

（1）境内投资者直接与卖方签订并购境外实体企业（或项目）协议以及实施并购的行为活动纳入并购事项统计。

（2）境内投资者通过其境外企业与卖方签订并购企业（或项目）协议以及实施并购的行为活动纳入并购事项统计。

（3）境内投资者之间的境外企业股权转让不纳入并购事项统计。

上述（1）中所涉及并购企业（或项目）的最终控股比例不得小于10%；(2) 中所涉及并购事项

不受最终控股比例限制。

21. 实际交易额：指根据收购协议境内投资者（或其境外企业）实际支付给卖方的各种资金总和。

22. 月末从业人员数：指报告期末从事一定的劳动并取得劳动报酬的全部人员数量。

23. 农业对外投资合作：指境内投资者通过直接投资或再投资方式拥有、控制国（境）外农业类境外企业或项目的活动。

24. 自有资金：是指境内投资者为进行生产经营活动所经常持有，可以自行支配使用并毋须偿还的那部分资金。

25. 统计原则的界定

（1）本制度执行国际非统一体系，即仅统计境内投资者在国外及港澳台地区完成的直接投资活动。

（2）国家（地区）的统计界定

对外直接投资的国家（地区）按直接东道国／直接投资国体系（国际上称为非统一体系）确定直接投资的流出／流入国家（地区）。即按对外直接投资的子公司、联营公司、分支机构所在国家（地区）统计。

（3）境内投资者与境外企业的行业分类的界定

境内投资者根据中华人民共和国《国民经济行业分类》(GB/T 4754-2011，见附录一)，按销售收入份额最大的产品的所属行业确定其行业类别。

境外企业分类参照中华人民共和国《国民经济行业分类》(GB/T 4754-2011) 执行。

（4）货币转换和计价原则

境内投资者调查表 (FDIN1 表)，填报的内容以人民币为货币单位；其余报表的金额单位均以美元作为统一货币单位。以非美元计价的，须按照国家外汇管理局制定的《各种货币对美元内部统一折算率表》规定的折算率折合为美元。

经营活动有关指标（如：营业收入、出口总值、进口总值等）按实际交易价即以市场价值作为计价基础；资产、负债、权益等存量指标按帐面价值计算。

（5）报告年份的界定

本制度各项统计报表数据均按日历年度上报；以财政年度反映的境外企业的数据须调整为日历年度或按最近一期财政年度报表的数据填报，并在报表中加以说明。

（6）其他统计界定

A. 凡境内投资者在境外企业中拥有或控制 10% 或以上的投票权（对公司型企业）或其他等价利益（对非公司型企业）的投资，均计入对外直接投资统计。

B. 为承担对外承包工程项目而设立的项目公司或代表处纳入对外直接投资统计范畴。

C. 子公司获得由境内直接投资者担保的借款，不计入对外直接投资统计。

D. 参加国际组织的投资不计入对外直接投资统计。

E. 以提供技术并收取管理费的跨境服务不计入对外直接投资统计。

F. 境外企业若被其他国家企业收、并购，记作境内投资者对外投资的减少。

G. 若境外企业中有多家境内投资者，且均拥有10%以上的股份，可作为上报单位分别报送按股权比例计算的相应指标。

H. 境外企业对境内投资者投资控股比例大于或等于10%不计入反向投资。

I. 报告年度通过追加投资等方式达到控制企业10%或以上的投票权的境外企业纳入报告年度的对外直接投资统计，追加投资金额记作当期的对外直接投资的增加，累计直接投资净额金额（即存量）按其持股比例计算的所有者权益部分计算。

J. 分支机构的投资额按其固定资产投资（包括土地、建筑物等不可移动的资产）金额统计。

K. 境内投资者之间以股权置换的方式获得境外企业10%以上股权记入当期对外直接投资的增加，由于股权置换而丧失或减少境外企业股权，记入当期对外直接投资的减少。

L. 境内银行（或存款公司）放在其境外支行或子公司内的存款不属于直接投资。

M. 境内银行（或存款公司）通过境外支行或子公司吸收的存款不属于直接投资。

N. 境内保险公司在境外设立的保险公司的技术储备（即：为防范现有风险的实际储备，提前支付的保费，赢利保险业务储备，以及未决索赔的准备金）不属于直接投资。

2012 Statistical Bulletin of China's Outward Foreign Direct Investment

Ministry of Commerce of the People's Republic of China
National Bureau of Statistics of the People's Republic of China
State Administration of Foreign Exchange

Contents

2012 Statistical Bulletin of China's Outward Foreign Direct Investmentnt

2012 Statistical Bulletin of China's Outward Foreign Direct Investment

Despite the complicated economic situation and faltering world economic recovery during 2012, China's economy has maintained steady growth. Chinese Government has speeded up the implementation of "going global" strategy, vigorously promoted foreign investment facilitation, and actively encouraged qualified enterprises of different kinds of ownerships to conduct foreign investment, thus led to enterprises' increasing internal motivation to integrate into economic globalization. In this context, although global outward FDI flows declined by nearly 20% compared to the previous year, China's outward FDI flows reached a record level of $87.8 billion[①], becoming the world's third largest outward investor in 2012.

1.Overview of China's Outward FDI in 2012

1.1 China's outward FDI net flows (hereinafter referred to as 'flows') in 2012 reached $87.8 billion, increased by 17.6% compared to the previous year. Among the flows, $31.14 billion was incremental equity investment, $22.47 billion was reinvested earnings and $34.19 billion was other investment, accounting for 35.5%, 25.6% and 38.9% of the total respectively.

By the end of 2012, more than 16,000 Chinese domestic investing entities had established about 22,000 overseas enterprises, spreading in 179 countries (regions) globally. The accumulated outward FDI net stock volume (hereinafter referred to as 'stock') stood at $531.94 billion. Among the stock, $168.91 billion was equity investment, $222.76 billion was reinvested earnings and $140.27 billion was other investment, accounting for 31.8%, 41.9% and 26.3% of the total respectively. The total assets of foreign affiliates had exceeded $2.3 trillion.

① Reference to "dollars"($) means United States Dollars,unless otherwise indicated.

Chart 1 Structure of China's Outward FDI Flows and Stock,2012

(Billions of Dollars)

Category	Flows			Stock	
	Amount	Year-on-Year Growth Rate(%)	Share (%)	Amount	Share (%)
Total	**87.8**	**17.6**	**100.0**	**531.9**	**100.0**
Financial Sector	10.1	65.9	11.5	96.5	18.1
Non-financial Sector	77.7	13.3	88.5	435.5	81.9

Note: Financial sector refers to domestic investors' outward FDI in foreign financial sector, and non-financial sector refers to domestic investors' outward FDI in foreign non-financial sector.

The World Investment Report 2013 published by UNCTAD showed that, global FDI flows reached $1.39 trillion in 2012, with $23.59 trillion of stock by the end of 2012. Based on the above report, China's outward FDI flows and stock in 2012 accounted for a share of 6.3% and 2.3% globally. China ranked 3rd among all economies in terms of outward FDI flows and 13th in terms of stock.

Graph 1 Outward FDI Flows of China and Other Major Economies,2012

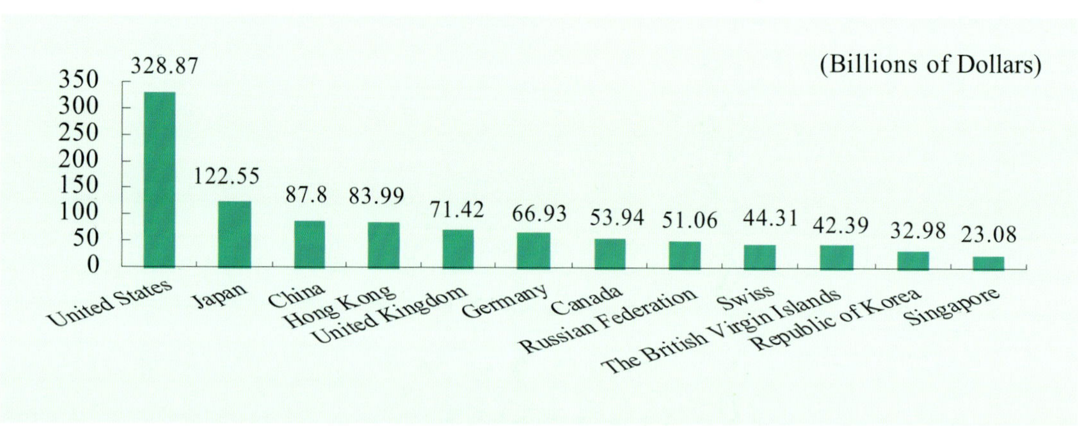

Graph 2 Outward FDI Stock of China and Other Major Economies,2012

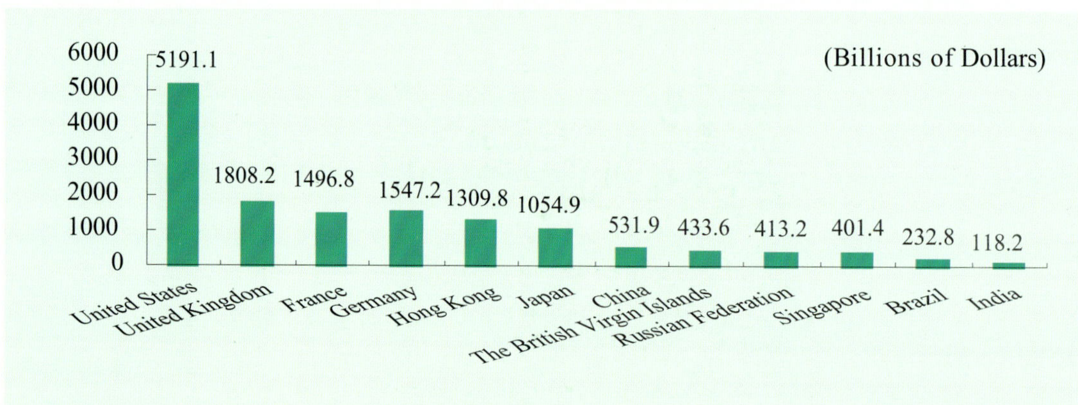

Note: Data about China's outward FDI in 2012 is from MOFCOM, data about other countries (regions) is from World Investment Report 2013 published by UNCTAD.

1.2 The flows of Chinese financial FDI reached $10.07 billion in 2012, among which $6.54 billion goes to the financial service industry (the former banking sector), taking up a share of 64.9%.

By the end of 2012, the financial outward FDI stock stood at $96.45 billion, among which $62.92 billion belongs to the financial sector, $1.48 billion belongs to the insurance Industry, $4.3 billion belongs to the capital market services (the former securities sector) and $27.75 billion falls under other financial sectors,taking up 65.2%, 1.5%, 4.5% and 28.8% of the total respectively.

By the end of 2012, the Chinese state-owned commercial banks② had established 66 branch offices, 36 affiliated institutions in 35 countries (regions) including the United States, Japan and the United Kingdom. These overseas affiliates have employed 37 thousand staff, including 36 thousand foreign employees.

1.3 The non-financial outward FDI flows reached $77.73 billion in 2012, making an increase of 13.3% compared to the previous year. The sales of foreign affiliates increased 19.3% to $1246.2 billion, with a year-on-year increase of 102.3%. Total exports and imports of foreign affiliates amounted to $373.3 billion, among which the imports amounted to $294.4 billion and the exports amounted to $78.9 billion, accounting for the increase of 134.2% and 34.2% of the total respectively.

Chart 2 China's Outward FDI Flows and Stock Since the Establishment of Outward FDI Statistics System

(Billions of Dollars)

Year	Flows		Stock
	Amount	Year-on-year Growth Rate(%)	
2002	2.70	—	29.90
2003	2.85	5.6	33.20
2004	5.50	93.0	44.80
2005	12.26	122.9	57.20
2006	21.16	43.8	90.63
2007	26.51	25.3	117.91
2008	55.91	110.9	183.97
2009	56.53	1.1	245.75
2010	68.81	21.7	317.21
2011	74.65	8.5	424.78
2012	87.80	17.6	531.94

Note: 1. Data for 2002-2006 include only non-financial outward FDI, and data for 2006-2012 include outward FDI of all industries.

2. Growth rate for 2006 is that of non-financial outward FDI.

② China's State-owned banks include Bank of China, Agricultural Bank of China, Industrial and Commercial Band of China, China Construction Bank and Bank of Communications.

In the end of 2012, the non-financial outward FDI stock amounted $435.49 billion, and the general assets of foreign affiliates reached $1.32 trillion.

1.4 In 2012, the total taxes and duties paid to the countries where the investment was to be reached $22.16 billion. By the end of 2012, the foreign affiliates have employed 1,493 thousand staff, among which 709 thousand are of foreign nationalities and 89 thousand of them are from developed countries.

2.Characteristics of China's Outward FDI

2.1 Characteristics of China's Outward FDI Flows in 2012

2.1.1 Bucked the trend and achieved better results.

In 2012, the European debt crisis continued to spread, and the global economy faced growing uncertainties. Global Outward FDI declined by 17% compared to the previous year. In this context, China's Outward FDI flows reached a record high of $ 87.8 billion and achieved a higher growth of 17.6%, becoming one of the world's three largest outward investors for the first time. When Chinese authorities started to release annual data in 2003, China's outward FDI flows has achieved growth in 10 consecutive years, with an average annual growth rate as high as 41.6% between 2002 and 2012.

Graph 3 Outward FDI Flows of China,1992-2012

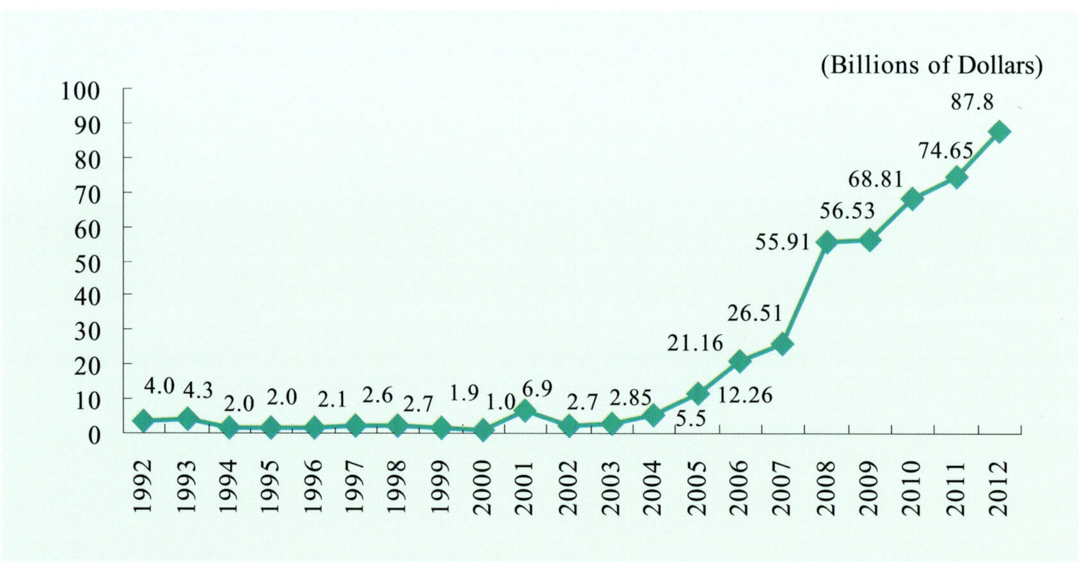

Note: Data for 1991-2001 is from World Investment Report published by UNCTAD, and data for 2002-2012 is from MOFCOM statistics.

2.1.2 Wide field of M&As with large transaction amount.

In 2012, Chinese enterprises conducted 457 outward M&As, with an actual transaction amount of $43.4 billion, hitting a record high both in terms of both numbers and values. Among the M&As, $27.6 billion was direct investment③ and $15.8 billion was overseas financing, accounting for 63.6% and 36.4% of total respectively. These M&As were carried out in ten sectors, including mining, electricity production and supply, culture and entertainment, manufacturing, transportation, construction and finance.

Chart 3 China's Outward FDI and M&As,2004-2012

(Billions of Dollars)

Year	Amount of M&As	Year-on-Year Growth Rate(%)	Share(%)
2004	3.00	—	54.5
2005	6.50	116.7	53.0
2006	8.25	26.9	39.0
2007	6.30	-23.6	23.8
2008	30.20	379.4	54.0
2009	19.20	-36.4	34.0
2010	29.70	54.7	43.2
2011	27.20	-8.4	36.4
2012	43.40	—	31.4

Note: Share for 2012 is the share of $27.6 billion direct investment in total flows in 2012.

2.1.3 Reinvested earnings varied significantly.

In 2012, reinvested earnings was $22.47 billion, with a year-on-year decline of 8.1%, among which non-financial reinvested earnings reduced by 18.1% while financial reinvested earnings increased by 109.8%.

Graph 4 Structure of China's Outward FDI Flows,2012

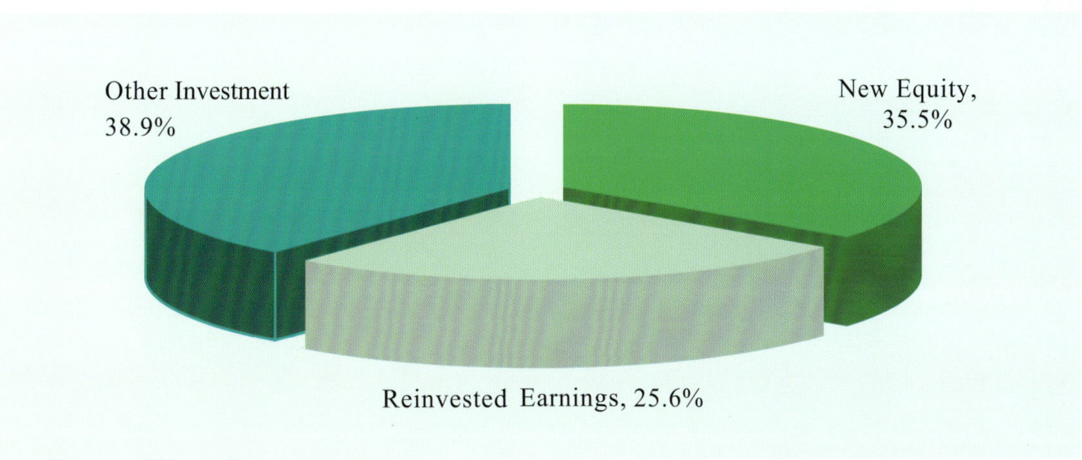

③ Direct Investment refers to domestic investors or their overseas enterprises' M&As, which are financed by domestic investors' own funds and domestic bank loans (excluding foreign loans guaranteed by domestic investors). Such direct investment is brought into outward FDI statistics account.

2.1.4 All the sectors have achieved varying degrees of growth, except for mining industry.

In 2012, there were 12 industry categories receiving more than $1 billion Chinese outward FDI, of which three industries were newly added. The industrial distribution was as following:

Mining received $13.54 billion, with a year-on-year decline of 6.2%, accounting for 15.4% of the total. The flows mainly concentrated on oil and gas exploration industry, non-ferrous metal mining industry, coal mining and washing, and ferrous metal mining industry, etc. And mining is the only industry with declining flows.

Scientific Research and Technical Service received $1.48 billion, with a year-on-year increase of 109.2%, accounting for 1.7% of the total.

Construction received $3.25 billion, with a year-on-year increase of 97%, accounting for 3.7% of the total.

Agriculture, Forestry, Husbandry and Fishing received $1.46 billion, with a year-on-year increase of 83.2%, accounting for 1.7% of the total.

Outward FDI flowing to Finance reached $ 10.7 billion, exceeding $10 billion for the first time. With a year-on-year increase of 65.9%, Finance accounted for 11.5% of the total.

Information Transmission, Computer Services and Software received $1.24 billion, with a year-on-year increase of 59.7%, accounting for 1.4% of the total.

Wholesale and retail trade received $13.05 billion, with a year-on-year increase of 26.4%, accounting for 14.8% of the total.

Transport, Storage and Post received $2.99 billion, with a year-on-year increase of 16.5%, accounting for 3.4% of the total. The flows mainly concentrated on water transport, handling and other transport services, air transport, etc.

Manufacturing received $8.67 billion, with a year-on-year increase of 23.1%, accounting for 9.9% of the total. The flows mainly concentrated on special equipment manufacturing, automobile manufacturing, electrical machinery and equipment manufacturing, food manufacturing, chemical raw materials and products manufacturing, non-ferrous metal smelting and rolling processing industry, pharmaceutical manufacturing, computer, communications and other electronic equipment manufacturing, textile clothing, shoes, hats manufacturing, textiles, etc.

Leasing and Business Service received $26.74 billion, with a year-on-year increase of 4.5%, accounting for 30.4% of the total.

Production and Supply of Electricity, Gas and Water received $1.94 billion, with a year-on-year increase of 3.2%, accounting for 2.2% of the total.

Real Estate received $2.02 billion, with a year-on-year increase of 2.2%, accounting for 2.3% of the total.

Besides, China's outward FDI performed well in some new and emerging fields. For example, outward FDI flowing to Residents Service, Repair and Other Services reached $0.89 billion, with a year-on-year increase of 170.9%.Culture, Sports and Entertainment received $0.2 billion, with a year-on-year increase of 87%. Lodging and Catering Services received $0.14 billion, with a year-on-year increase of 16.8%.

Graph 5 Industrial Distribution of China's Outward FDI Flows,2012

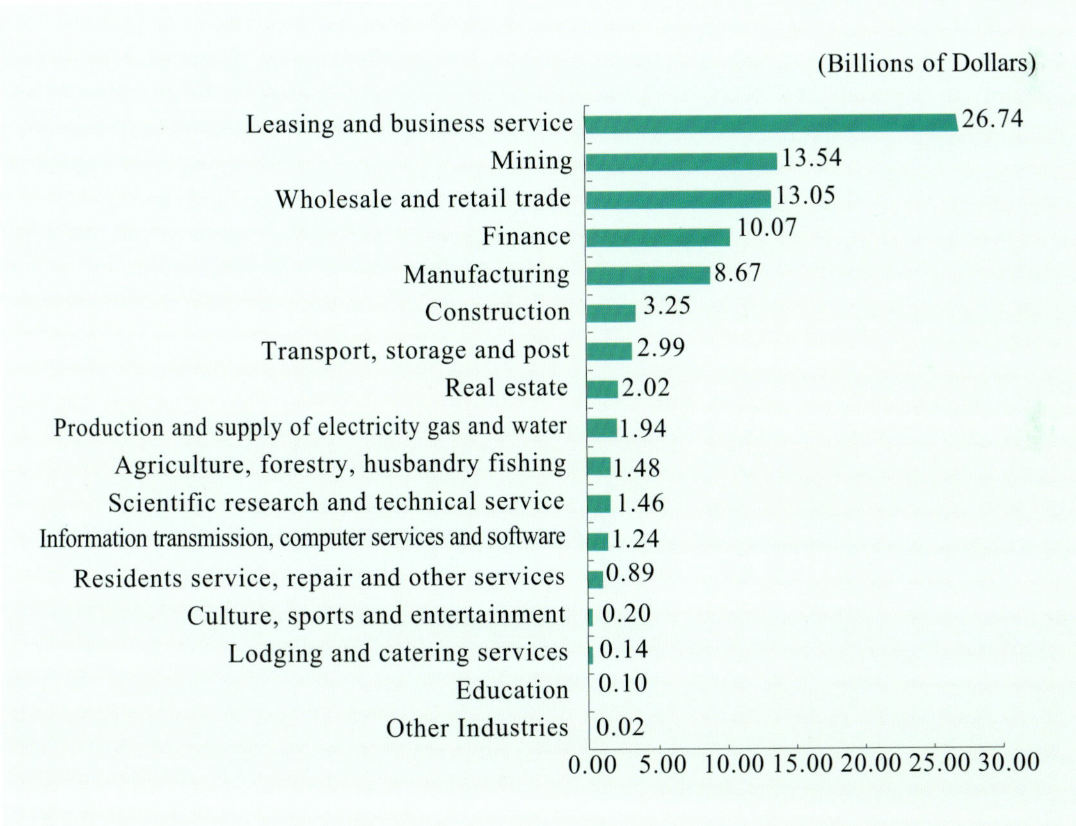

2.1.5 Outward FDI to developed economies maintained same level as in the previous year, while the flows to the United States increased rapidly.

In 2012, China's outward FDI to the developed economies reached $13.51 billion, maintaining almost the same level as in the previous year, which registered $13.42 billion. The United States received $4.048 billion, with an increase of 123.5%, thus becoming the second largest destination for China's outward FDI, only after Hong Kong.

Chart 4 China's Outward FDI into Developed Economies, 2012

(Millions of Dollars)

Economy	Amount	Year-on-year Growth Rate(%)
European Union	6 119.90	-19.1
United States	4 047.85	123.5
Canada	795.16	43.5
Australia	2 172.98	-31.3
Japan	210.65	41.0
New Zealand	94.06	237.3
Norway	8.49	-54.3
Switzerland	8.64	-49.7
Israel	11.58	476.1
Bermuda Islands	38.99	-66.3
Total	**13 508.30**	**Same level as in previous year**

Note: Developed economy groupings follow the classification in World Investment Report published by UNCTAD.

2.1.6 Outward FDI to British Virgin Islands and Cayman Islands reduced significantly.

In 2012, China's Outward FDI to British Virgin Islands and Cayman Islands reached $3.067 billion, with a year-on-year decrease of 72.5%. Their share in top 20 countries (regions) in terms of FDI flows declined to 3.9% from 16.5% in previous year. The following countries (regions) received over $1 billion flows:

Hong Kong received $51.238 billion, accounting for 58.4% of the total. The flows mainly concentrated on leasing and business services, wholesale and retail, financial services, mining, manufacturing, real estate, transportation, etc.

United States received $4.048 billion, accounting for 4.6% of the total. The flows mainly concentrated on mining, manufacturing, financial services, wholesale and retail, leasing and business services, production and supply of electricity, heat, gas and water, scientific research and technical services.

Kazakhstan received $2.996 billion, accounting for 3.4% of the total. The flows mainly concentrated on Mining, transportation, professional and technical services, construction, etc.

United Kingdom received $2.775 billion, accounting for 3.2% of the total. The flows mainly concentrated on transportation, finance, manufacturing, business services, wholesale and retail trade, real estate, etc.

British Virgin Islands received $2.239 billion, accounting for 2.6% of the total. The flows mainly concentrated on business Services.

Australia received $2.173 billion, accounting for 2.5% of the total. The flows mainly concentrated on mining, agriculture, forestry, husbandry and fisheries, financial sector, wholesale and retail trade, real estate and manufacturing.

Venezuela received $1.542 billion, accounting for 1.8% of the total. The flows mainly concentrated on mining, construction, professional and technical services.

Singapore received $1.519 billion, accounting for 1.7% of the total. The flows mainly concentrated on wholesale and retail trade, business services, production and supply of electricity, heat, gas and water, finance, construction, manufacturing and so on.

Chart 5 Top 20 Countries (Regions) as Destinations for China's Outward FDI Flows, 2012

(Billions of Dollars)

No.	Countries(Regions)	Flows	Share (%)
1	Hong Kong	51.238	58.4
2	United States	4.048	4.6
3	Kazakhstan	2.996	3.4
4	United Kingdom	2.775	3.2
5	British Virgin Islands	2.239	2.6
6	Australia	2.173	2.5
7	Venezuela	1.542	1.8
8	Singapore	1.519	1.7
9	Indonesia	1.361	1.5
10	Luxembourg	1.133	1.3
11	South Korea	0.942	1.1
12	Mongolia	0.904	1.0
13	Cayman Islands	0.827	0.9
14	Laos	0.809	0.9
15	Germany	0.799	0.9
16	Canada	0.795	0.9
17	Russian Federation	0.785	0.9
18	Myanmar	0.749	0.9
19	Argentina	0.743	0.8
20	Iran	0.702	0.8
	Total	**79.080**	**90.1**

Indonesia received $1.361 billion, accounting for 1.5% of the total. The flows mainly concentrated on mining, production and supply of electricity, heat, gas and water, agriculture, forestry, husbandry and fishing, construction, etc.

Luxembourg received $1.133 billion, accounting for 1.3% of the total. The flows mainly concentrated on business services, production and supply of electricity, heat, gas and water, the financial industry, wholesale and retail, etc.

2.1.7 Outward FDI to Asia and North America achieved rapid growth, while declined in other regions.

In 2012, China's outward FDI to Asia reached $64.785 billion, with a year-on-year increase of 42.4%, accounting for 73.8% of the total. The flows mainly distributed in Hong Kong, Kazakhstan, Singapore, Indonesia, South Korea, Mongolia, Laos, etc. Hong Kong's share in China's total outward FDI to Asia was 79.1%.

North America received $4.882 billion, with a year-on-year increase of 96.9%, accounting for 5.6% of the total. The flows mainly distributed in the United States and Canada.

Europe received $7.035 billion, with a year-on-year decrease of 14.7%, accounting for 8% of the total. The flows mainly distributed in United Kingdom, Luxembourg, Germany, Russian Federation, Netherlands, France, etc. As most European acquisitions by China were conducted through outside regions like Hong Kong, they were not reflected as China's outward FDI to the Europe. To illustrate, China Three Gorges Corporation spent €2.69 billion to acquire 21.35% equity interest of Portugal Electricity Company through its overseas subsidiary. State Grid Corporation spent $0.51 billion to acquire 25% stake of National Energy Grid of Portugal through its subsidiary in Hong Kong.

Latin America received $6.17 billion, with a year-on-year decrease of 48.3%, accounting for 7% of the total. The flows mainly distributed in British Virgin Islands, Venezuela, the Cayman Islands, Argentina, etc. Among the flows, outward FDI to tax heavens British Virgin Islands and Cayman Islands reduced by 72.5%, while outward FDI to the other Latin American countries grew to $3.103 billion from $0.791 billion in the previous year, with a year-on-year increase of 292.3%.

Africa received $2.517 billion, with a year-on-year decrease of 20.6%, accounting for 2.9% of the total. The flows mainly distributed in Angola, Congo (DRC), Nigeria, Zambia, Zimbabwe, Algeria, Mozambique, Ghana, etc. China's outward FDI in Africa was widely distributed among various sectors, among which flows to financial sector (mainly in the banking sector) were influenced by market value and fluctuated significantly.

The financial outward FDI to Africa in 2012 was $-1.096 billion, while the non-financial sector reached $3.613 billion, with a year-on-year increase of 24.7%.

Oceania received $2.415 billion, with a year-on-year decrease of 27.3%, accounting for 2.7% of the total. The Flows mainly went to Australia, New Zealand, Fiji, Samoa and Papua New Guinea.

Chart 6 Geographical Distribution of China's Outward FDI Flows,2012

(Billions of Dollars)

Continents	Amount	Year-on-year Growth Rate(%)	Share(%)
Asia	64.785	42.4	73.8
Europe	7.035	-14.7	8.0
Latin America	6.170	-48.3	7.0
North America	4.882	96.9	5.6
Africa	2.517	-20.6	2.9
Oceania	2.415	-27.3	2.7
Total	**87.804**	**17.6**	**100.0**

Graph 6 Geographical Distribution of China's Outward FDI Flows,2012

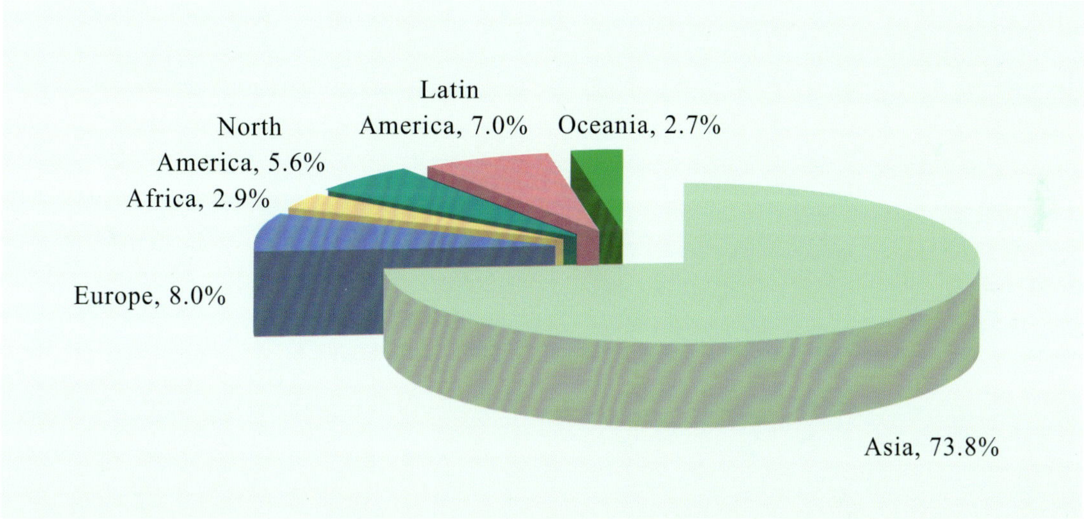

2.1.8 China's local outward FDI has achieved growth for ten consecutive years, with its share increasing by 10% compared to the previous year.

In 2012, China's local outward non-financial FDI reached $34.206 billion, with a year-on-year increase of 45.2%, much higher than the national growth rate of 13.3%. Its share in China's total outward non-financial FDI flows expanded to 44% from 34% in the previous year, thus has achieved ten consecutive years of growth since the establishment of China's outward FDI statistical system. West China's outward FDI was $5.526 billion and experienced the largest increase, with a year-on-year increase of 88.45%. Among the regions, Gansu, Yunnan and Shanxi ranked the top three; East China's outward FDI was $25.44 billion, with a year-on-year increase of 45%; Central China's outward FDI was $3.226 billion, with a year-on-year increase of 5.1%. Guangdong, Shandong, Shanghai, Jiangsu, Liaoning, Zhejiang, Beijing, Gansu, Yunnan and Hunan ranked top ten in terms of China's local outward FDI flows.

Chart 7 Regional Distribution of China's Local Outward FDI Flows, 2012

(Billions of Dollars)

Regions	Flows	Year-on-year Growth Rate (%)
West China	5.526	88.4
Central China	3.226	5.1
East China	25.454	45.0
Total	**34.206**	**45.2**

Note: Central China includes 6 provinces, namely, Shanxi, Anhui, Jiangxi, Henan, Hubei and Hunan; West China includes Inner Mongolia, Guangxi, Sichuan, Chongqing, Guizhou, Yunnan, Shaanxi, Gansu, Qinghai, Ningxia, Xinjiang and Tibet.

Chart 8 Top Ten Provinces (Municipalities)in Terms of Local Outward FDI Flows, 2012

(Billions of Dollars)

No.	Province(Municipality)	Flows
1	Guangdong	5.288
2	Shandong	3.456
3	Shanghai	3.316
4	Jiangsu	3.130
5	Liaoning	2.763
6	Zhejiang	2.360
7	Beijing	1.689
8	Gansu	1.382
9	Yunnan	1.040
10	Hunan	0.995

2.1.9 In terms of the registration type of domestic investors, state-owned enterprises took a share of less than 50%.

In 2012, China's outward non-financial FDI was $77.73 billion, among which state-owned enterprises took shares of 46.6%, limited liability companies 36.2%, incorporated companies 5.4%, joint-stock cooperative enterprises 5.4%, private enterprises 2.9%, foreign-invested enterprises 2% and enterprises of other types 1.5%.

2.2 Characteristics of China's Outward FDI Stock by the End of 2012

2.2.1 China's outward FDI stock remained in relatively small scale and widely distributed.

By the end of 2012, China's outward FDI stock had reached $531.94 billion, ranked world 13th in terms of national (regional) stock. China's outward FDI is developed late, with its scale far less than that of developed countries. China's outward FDI stock is only equivalent to 10.2%, 29.4%, 34.4%, 35.5 and 50.4% of that of the United States, United Kingdom, Germany, France and Japan, respectively, during the same period.

By the end of 2012, China's outward FDI had been conducted in 179 countries (regions), 76.8% of the total number of countries (regions) worldwide. China started to invest in Palestine and the Cook Islands in 2012.

Graph 7 Outward FDI Stock of China, 2002-2012

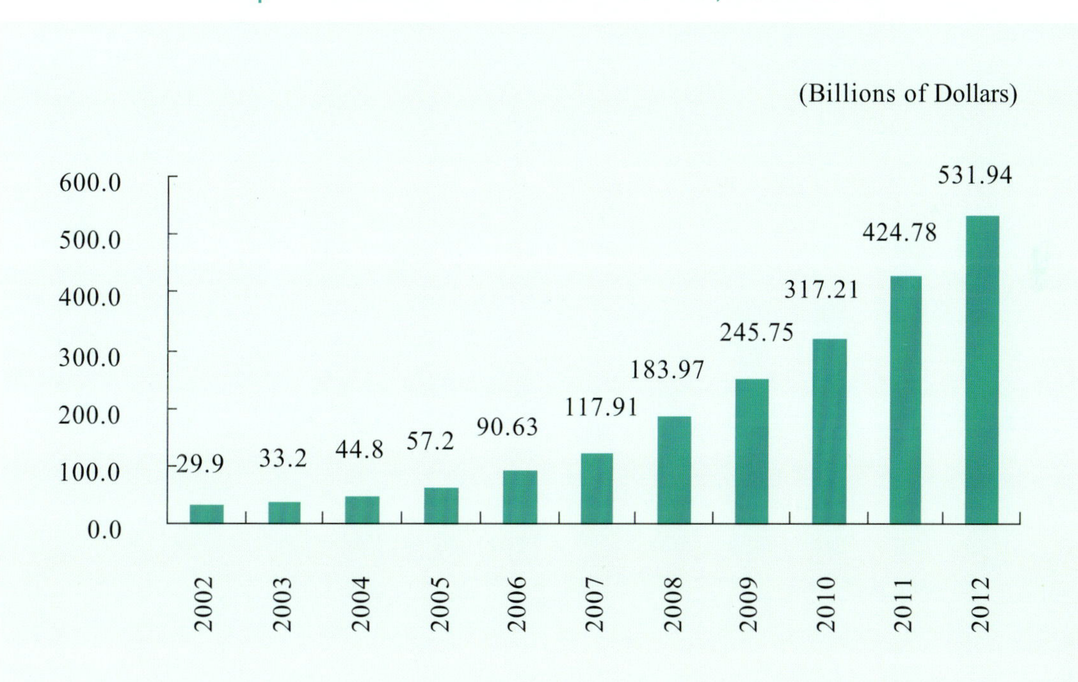

Graph 8 Proportions of Outward FDI Stock of Global Major Economies by the End of 2012

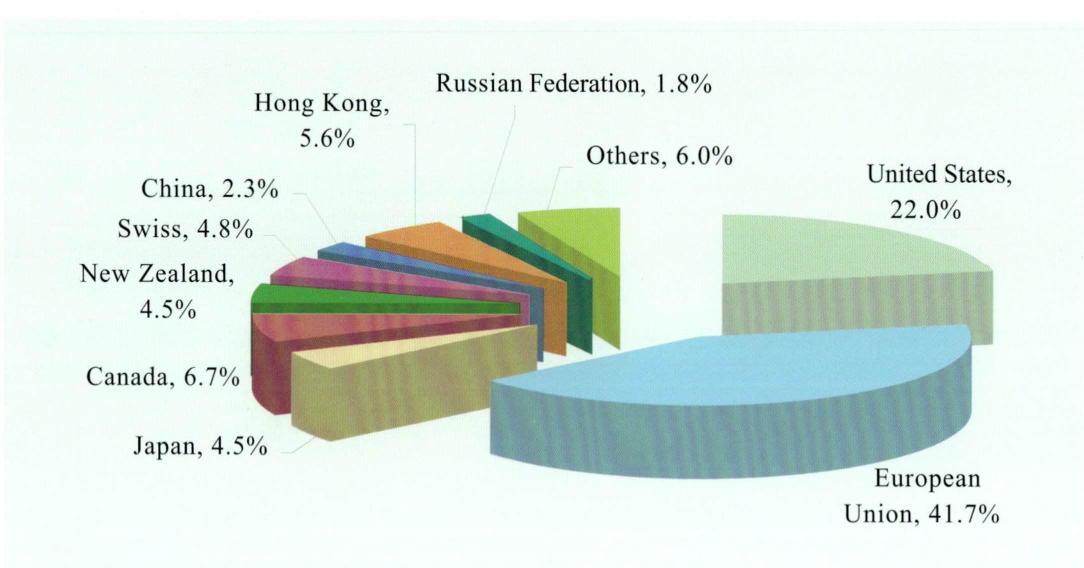

2.2.2 Complete industrial categories and relatively concentrated investment.

By the end of 2012, China's outward FDI had covered all sectors of the national economy, among which seven sectors received more than $10 billion, namely, leasing and business services, financial sector, mining, wholesale and retail, manufacturing, transportation, storage and post, and construction. Accumulated stock in the above mentioned seven sectors had reached $491.3 billion, 92.4% of China's total outward FDI stock. The industrial distribution was as following:

Leasing and Business Service (most of which was investment holding) had received $175.7 billion, accounting for 33% of the total.

Financial sector had received $96.45 billion, accounting for 18.1% of the total, among which $62.92 billion was monetary and financial service, $4.3 billion was capital markets service, $1.48 billion was insurance and $27.75 billion was other financial sectors, accounting for 65.2%, 4.5%, 1.5% and 28.8%, respectively.

Mining had received $ 74.78 billion, accounting for 14.1% of the total, mainly concentrated on oil and gas exploration industry, ferrous metals and non-ferrous metal mining industry.

Wholesale and retail trade had received $ 68.21 billion, accounting for 12.8% of the total, mainly including investment in the field of trade.

Manufacturing had received $34.14 billion, accounting for 6.4% of the total, mainly concentrated on automobile manufacturing, communications equipment, computers and other electronic equipment manufacturing, chemical materials and chemical products manufacturing, special equipment manufacturing, non-ferrous metal smelting and rolling processing industry, textile industry, food manufacturing, electrical machinery manufacturing, pharmaceutical manufacturing industry, general equipment manufacturing, textile and garment/decoration industry, ferrous metal smelting and rolling processing industry, rubber and plastic products industries, etc.

Transport, Storage and Post had received $ 29.23 billion, accounting for 5.5% of the total, mainly concentrated on water transport, handling and other transportation agency industry, air transport, pipeline transport, etc.

Construction had received $ 12.86 billion, accounting for 2.4% of the total, mainly concentrated on housing construction, architectural and other construction, and construction and installation industry.

Real Estate had received $ 9.58 billion, accounting for 1.8% of the total.

Production and Supply of Electricity, Gas and Water had received 8.99 billion, accounting for 1.7% of the total, mainly concentrated on production and supply of electricity and heat.

Scientific Research and Technical Service had received $ 6.79 billion, accounting for 1.3% of the total, mainly concentrated on professional and technical services, research and development.

Agriculture, Forestry, Husbandry and Fishing had received $ 4.96 billion, accounting for 1% of the total, among which 30.5% was agriculture, 28.5% was forestry and 18.6% was fishing.

Information transmission, software and IT services had received $ 4.82 billion, accounting for 0.9% of the total, mainly concentrated on software and information technology services, etc.

Residents Service, Repair and Other Services had received $ 3.58 billion, accounting for 0.7% of the total, mainly concentrated on other Services and Resident Services investment.

Culture, Sports and Entertainment had received $0.79 billion, accounting for 0.1% of the total.

Lodging and Catering Services had received $0.76 billion, accounting for 0.1% of the total.

Other Industries had received $0.3 billion, accounting for 0.1% of the total.

Graph 9 Industrial Distribution of China's Outward FDI Stock, by the End of 2012

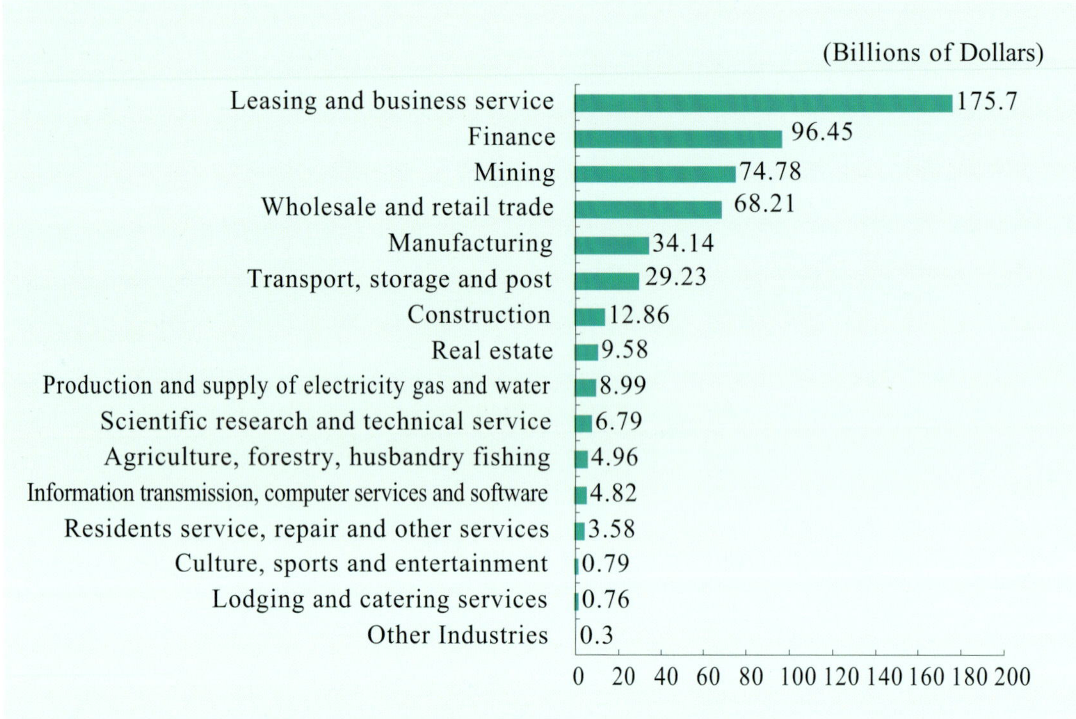

Graph 10 Sector Weightings of China's Outward FDI Stock, by the End of 2012

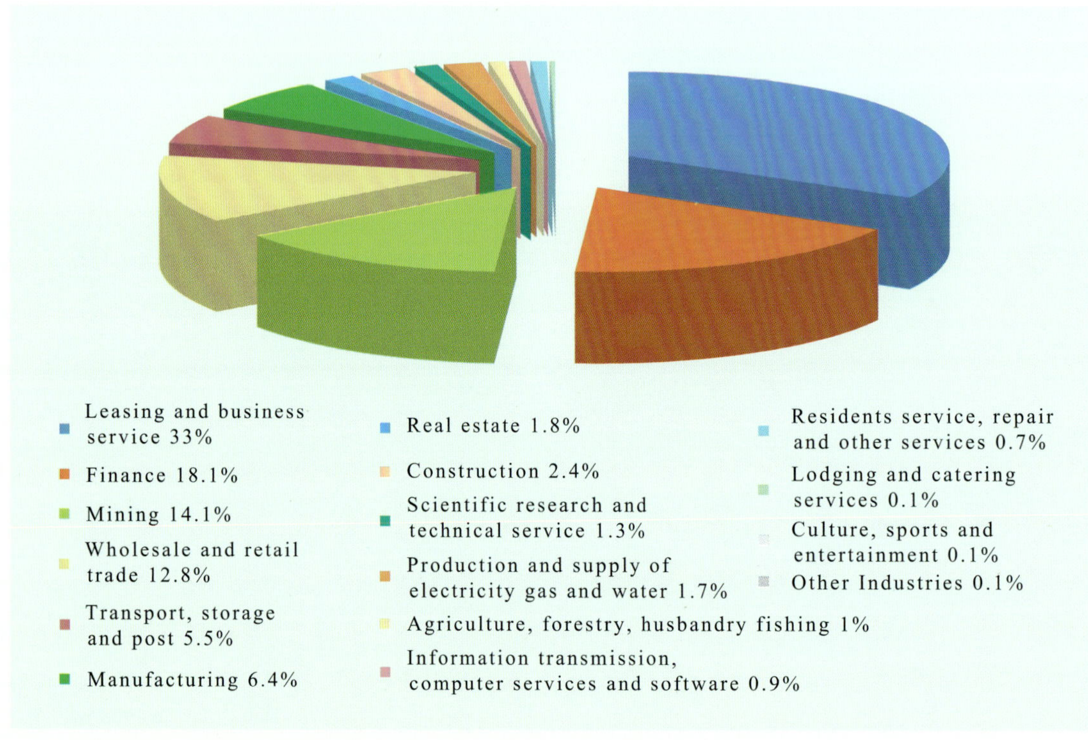

2.2.3 Unbalanced continental distribution, with Asia and Latin America accounting for 80% of China's total outward FDI stock.

By the end of 2012, China's outward FDI stock in Asia had reached $ 364.41 billion, accounting for 68.5% of the total, top destinations are Hong Kong, Singapore, Kazakhstan, Myanmar, South Korea, Mongolia, Macao, Pakistan, Cambodia, Indonesia, Thailand, Japan, etc. Hong Kong's share in China's total outward FDI stock in Asia had reached 84.1%.

Latin America had received $68.21 billion, accounting for 12.8% of the total, mainly distributed in British Virgin Islands, the Cayman Islands, Venezuela, Brazil, Argentina, Peru, Ecuador, Mexico, etc.

China's outward FDI stock in Asia and Latin America had accumulated to $ 432.64 billion, accounting for 81.3% of the total stock at the end of the year, however, only 40.2% countries (regions) from these two continents received China's outward FDI.

Europe had received $ 36.98 billion, accounting for 7% of the total, mainly distributed in countries such as Luxembourg, United Kingdom, Russian Federation, France, Germany, Sweden and Netherlands.

Africa had received $ 21.73 billion, accounting for 4.1% of the total, mainly distributed in South Africa, Zambia, Nigeria, Algeria, Angola, Sudan, Congo (DRC), Zimbabwe, Mauritius, Ethiopia, Tanzania, Ghana, Egypt and Kenyae.

Graph 11 Geographical Distribution of China's Outward FDI Stock, 2012

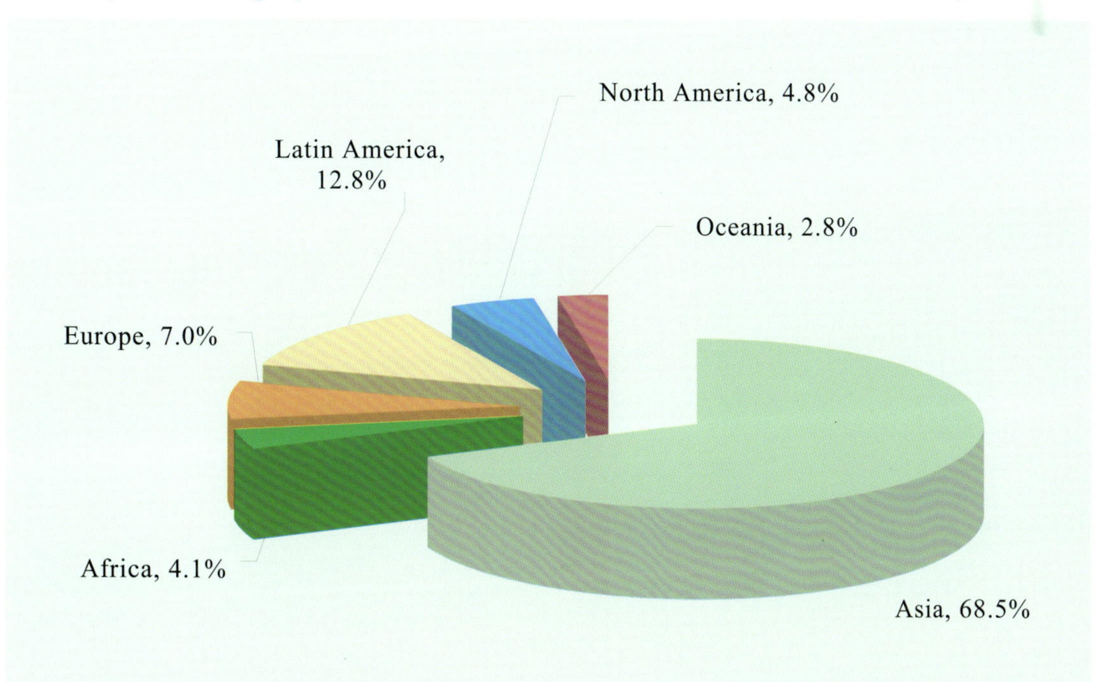

North America had received $ 25.5 billion, accounting for 4.8% of the total, mainly distributed in the United States and Canada.

Oceania had received $15.11 billion, accounting for 2.8% of the total, mainly distributed in Australia, Papua New Guinea, New Zealand, Samoa, Fiji, etc.

2.2.4 FDI to developing countries remained a larger share while that to developed countries had increased slightly.

By the end of 2012, China's outward FDI stock in developing countries (regions)④ had reached $458.81 billion, accounting for 86.3% of the total. China's outward FDI in developed countries (regions) had reached $73.13 billion, accounting for 13.7% of the total. It had increased by 3% from that of the previous year. Among the stock, European Union, United States, Australia, Canada, Japan, Bermuda Islands and other countries (regions) had received $31.538 billion, $17.08 billion, $13,873 billion, $5.051 billion, $1.612 billion, $3.378 billion and $0.601 billion respectively, accounting for 43.1%, 23.4%, 19%, 6.9%, 2.2%, 4.6% and 0.8% of the total, respectively.

Chart 9 China's Outward FDI Stock in Developed Countries (regions) by the End of 2012

(Billions of Dollars)

Economy	Stock	Share (%)
European Union	31.538	43.1
United States	17.080	23.4
Australia	13.873	19.0
Canada	5.051	6.9
Bermuda	3.373	4.6
Japan	1.612	2.2
New Zealand	0.274	0.4
Norway	0.188	0.3
Switzerland	0.101	0.1
Israel	0.038	—
Total	**73.128**	**100.0**

2.2.5 Outward FDI had been highly concentrated in some countries (regions).

By the end of 2012, China's outward FDI in the top 20 countries (regions) had accumulated to $475.093

④ In this Bulletin, "developing countries (regions)" refer to the rest of the countries and regions after eliminating all the developed countries (regions) listed in the World Investment Report published by UNCTAD.

billion, accounting for 89.3% of the total. The top 20 countries (regions) are as follows: Hong Kong, British Virgin Islands, Cayman Islands, United States, Australia, Singapore, Luxembourg, United Kingdom, Kazakhstan, Canada, Russian Federation, South Africa, France, Bermuda, Germany, Indonesia, Myanmar, South Korea, Mongolia and Macao.

Chart 10 Top 20 Countries (Regions) as Destinations for China's Outward FDI Stock by the End of 2012

(Billions of Dollars)

No.	Countries (Regions)	Stock	Share (%)
1	Hong Kong	306.372	57.6
2	British Virgin Islands	30.851	5.8
3	Cayman Islands	30.072	5.7
4	United States	17.08	3.2
5	Australia	13.873	2.6
6	Singapore	12.383	2.3
7	Luxembourg	8.978	1.7
8	United Kingdom	8.934	1.7
9	Kazakhstan	6.251	1.2
10	Canada	5.051	0.9
11	Russian Federation	4.889	0.9
12	South Africa	4.775	0.9
13	France	3.951	0.7
14	Bermuda	3.373	0.6
15	Germany	3.104	0.6
16	Indonesia	3.098	0.6
17	Myanmar	3.094	0.6
18	Republic of Korea	3.082	0.6
19	Mongolia	2.954	0.6
20	Macao	2.929	0.5
	Total	**475.093**	**89.3**

2.2.6 The share of state-owned enterprises continued to reduce.

By the end of 2012, among the non-financial outward FDI stock, the share of state-owned enterprises had dropped 59.8%, with a year-on-year decrease of 2.9%. It had reduced by 20% compared to that in 2006 (80.1%). The share of limited liability companies had reached 26.2%, with a year-on-year increase of 1.7%. The shares of incorporated companies, joint-stock cooperative enterprises, private enterprises, foreign-invested enterprises, collective enterprises, Hong Kong, Macao and Taiwan-invested enterprises and others were 6.6%, 2.9%, 2.2%, 1.1%, 0.2%, 0.3% and 0.7%, respectively.

Graph 12 Structure of China's Non-financial Outward FDI Stock, by Domestic Investors' Registration Type by the End of 2012

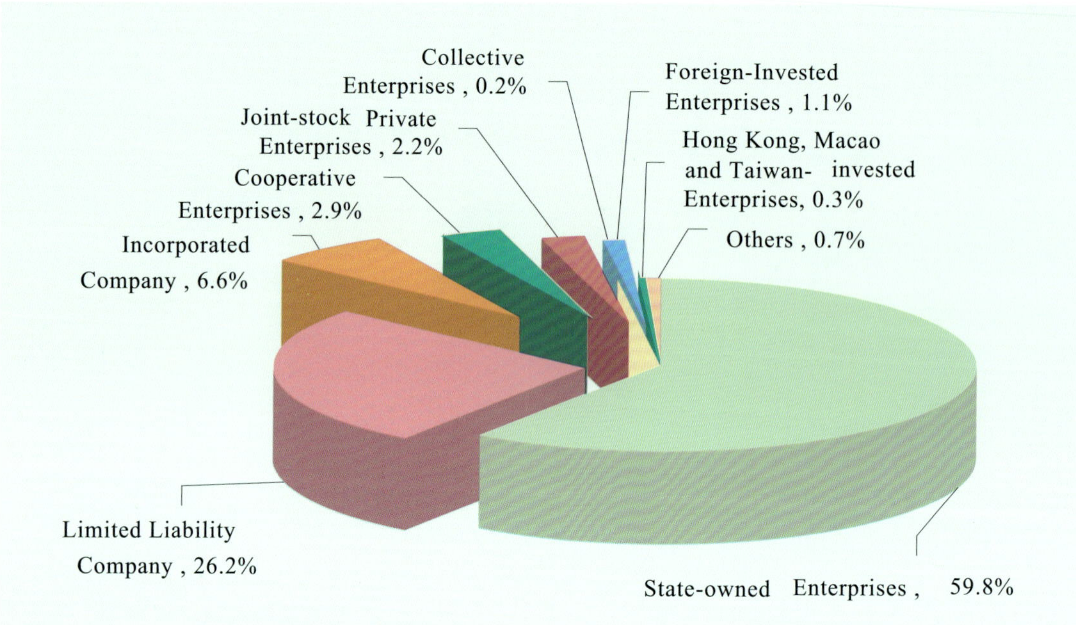

2.2.7 China's local outward FDI stock kept expanding, and Guangdong, Shanghai and Shandong ranked the top three.

By the end of 2012, China's local outward non-financial FDI stock had exceeded $100 billion, reaching $124.06 billion, accounting for 28.5% of the total, with a year-on-year increase of 4.7%. Within which, $97.06 billion, $15.83 billion and $11.17 billion were from regions of East China, West China and Central

Graph 13 Geographical Weightings of China's Local Outward FDI Stock by the End of 2012

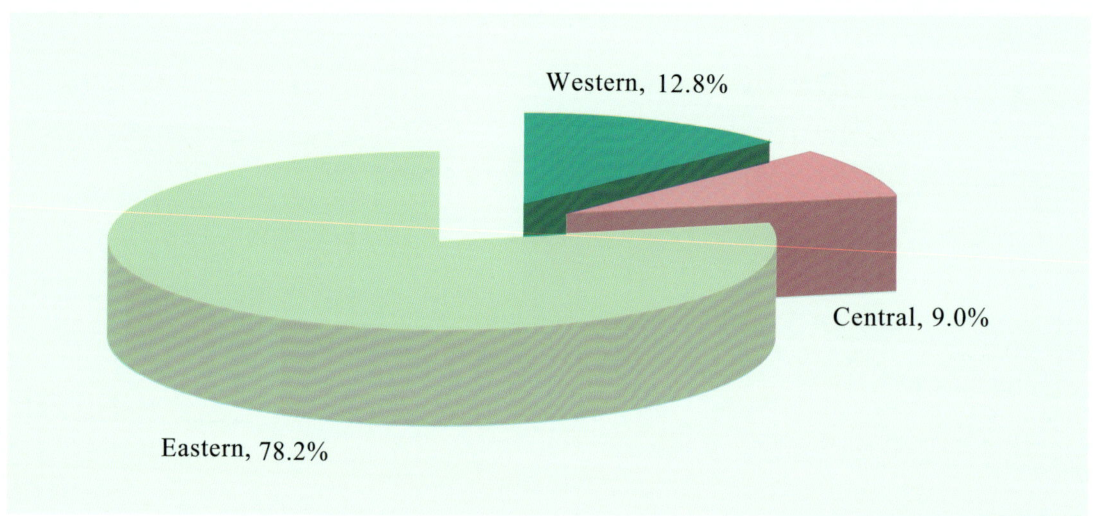

China, accounting for 78.2%, 12.8% and 9%, respectively. The largest local outward FDI stock was from Guangdong province,followed by Shanghai, Shandong, Zhejiang, Jiangsu, Beijing, Liaoning, Hunan, Hainan and Fujian.

Chart 11 Top 10 Provinces (Municipalities) as Sources for China's Outward FDI Stock, by the End of 2012

(Billions of Dollars)

No.	Provinces (Municipalities)	Stock
1	Guangdong	25.176
2	Shanghai	13.951
3	Shandong	11.97
4	Zhejiang	8.549
5	Jiangsu	7.832
6	Beijing	7.578
7	Liaoning	6.953
8	Hunan	4.133
9	Hainan	3.328
10	Fujian	3.237

3.China's Outward FDI to World's Major Economies

Chart 12 China's Outward FDI to World's Major Economies, 2012

(Billions of Dollars)

Economies	Flows			Stock	
	Amount	Year-on-Year Growth Rate(%)	Share (%)	Amount	Share (%)
Hong Kong	51.238	43.7	58.4	306.372	57.6
European Union	6.120	-19.1	7.0	31.538	5.9
ASEAN	6.100	3.3	6.9	28.238	5.3
United States	4.048	123.5	4.6	17.080	3.2
Australia	2.173	-31.3	2.5	13.873	2.6
Russian Federation	0.785	9.6	0.9	4.888	0.9
Total	**70.464**	**28.6**	**80.3**	**401.989**	**75.5**

3.1 Mainland China's Outward FDI to Hong Kong

In 2012, Mainland China's outward FDI flows to Hong Kong reached $51.238 billion, accounting for 43.7% of the total, with a year-on-year increase of 43.7%. Hong Kong is the largest destination of Chinese outward FDI. Major M&As projects by Chinese FDI were often conducted by reinvestment through Hong Kong. To exemplify this point, China Petroleum & Chemical Corporation acquired 30% equity interest of Galp Energia (Brazil) and Galp Energia (Netherlands) from Galp Energia (Portugal); China Three Gorges Corporation acquired 21.35% equity interest of Portugal Electricity Company; Dalian Wanda Group acquired 100% stake of the United States AMC Entertainment Holdings Corporation. From industry perspective, among the flows whose main objective was investment holding, leasing and business service, wholesale and retail trade, finance, mining, manufacturing, real estate and transport, storage and post received $21.806 billion, $10.113 billion, $8.224 billion, $2.964 billion, $2.5 billion, $1.583 billion and $1.296 billion, accounting for 42.6%, 19.7%, 16.1%, 5.8%, 4.9%, 3.1% and 2.5%, respectively.

By the end of 2012, mainland China had set up more than 5300 foreign-invested enterprises in Hong Kong. The outward FDI stock in Hong Kong had reached $306.372 billion, accounting for 57.6% of the total. In terms of industrial distribution, leasing and business service, finance, wholesale and retail trade, mining, transport, storage and post, and manufacturing, had received $119.412 billion, $62.094 billion, $49.091 billion, $26.291billion, $22.063 billion and $10.251 billion, respectively, accounting for 39%, 20.3%, 16%,

Chart 13 Industrial Distribution of Mainland China's Outward FDI to Hong Kong, 2012

(Millions of Dollars)

Industries	Flows	Share (%)	Stock	Share (%)
Leasing and Business Service	21 805.56	42.6	119 411.83	39.0
Finance	8 224.12	16.1	62 093.80	20.3
Wholesale and Retail Trade	10 113.21	19.7	49 090.77	16.0
Mining	2 963.84	5.8	26 291.11	8.6
Transport, Storage and Post	1 295.78	2.5	22 063.14	7.2
Manufacturing	2 500.48	4.9	10 250.49	3.3
Real Estate	1 582.86	3.1	7 467.98	2.4
Information Transmission, Computer Services and Software	1 016.92	2.0	3 173.12	1.0
Residents Service, Repair and Other Services	645.22	1.3	2 502.74	0.8
Production and Supply of Electricity, Gas and Water	274.65	0.5	1 134.96	0.4
Construction	323.55	0.6	1 251.12	0.4
Scientific Research and Technical Service	292.27	0.6	777.23	0.3
Culture, Sports and Entertainment	106.37	0.2	348.25	0.1
Agriculture, Forestry, Husbandry and Fishing	86.66	0.1	240.38	0.1
Lodging and Catering Services	0.01	—	212.60	0.1
Others	6.95	—	62.95	—
Total	**51 238.45**	**100.0**	**306 372.47**	**100.0**

8.6%, 7.2%, and 3.3% accordingly. The shares of real estate, information transmission, computer services and software, resident service, repair and other services, production and supply of electricity, gas and water, and construction had reached 2.4%, 1%, 0.8%, 0.4% and 0.4%, respectively.

3.2 China's Outward FDI to European Union

In 2012, China's outward FDI flows to European Union reached $6.12 billion, accounting for 7% of the total and 87% of the Europe, with a year-on-year decrease of 19.1%. Among the flows, United Kingdom ranked first, which receiving $2.775 billion from China, with a year-on-year increase of 95.4%, and UK alone accounted for 45.3% of the total flows to European Union. Luxembourg ranked second, receiving $1.133 billion, with a year-on-year decrease of 10.4%, accounting for 18.5% of the total. Germany ranked third, with a year-on-year increase of 56%, accounting for 13.1% of the total.

In terms of industrial distribution, manufacturing industry received $1.806 billion, accounting for 29.5% of the total, mainly distributed in United Kingdom, Sweden, Germany, France, Italy, the Netherlands and Austria. Leasing and business service received $1.259 billion, accounting for 20.6% of the total, mainly located in Luxembourg, United Kingdom and Germany. Finance received $1.045 billion, accounting for 17.1% of the total, and were mainly in United Kingdom, Germany, Luxembourg, Italy, France, Hungary and Ireland. Transport, storage and post sector received $0.852 billion, accounting for 13.9% of the total, and mainly located in United Kingdom and Germany. Wholesale and retail trade received $0.427 billion, accounting for 7% of the total, largely distributed in United Kingdom, Belgium, Germany, France and Bulgaria.

By the end of 2012, China's outward FDI stock in the EU had reached $31.538 billion, accounting for 5.9% of the total and 85.4% of China's outward FDI stock in Europe. The following six countries had received more than $1 billion, namely, Luxembourg, United Kingdom, France, Germany, Sweden, and Netherlands. In terms of industrial distribution, leasing and business services had received $9.667 billion, accounting for 30.7% of the total, mainly distributed in Luxembourg, United Kingdom, Netherlands, Germany and Ireland. Finance had received $6.638 billion, accounting for 21% of the total, mainly distributed in United Kingdom, Luxembourg, Germany, France, Italy and Hungary. Manufacturing had received $6.302 billion, accounting for 20% of the total, mainly distributed in Sweden, United Kingdom, Germany, Netherlands, France, Italy, Spain, Austria, Hungary and Romania. Mining had received $3.793 billion, accounting for 12% of the total, mainly distributed in France, United Kingdom, the Netherlands and Luxembourg. Wholesale and retail trade had received $1.419 billion, accounting for 4.5% of the total, mainly distributed in United Kingdom, Germany, Belgium, Italy and Netherlands. Transport, Storage and Post had received $1.163 billion, accounting for 3.7% of the total, mainly distributed in United Kingdom, Germany and Belgium. The shares of scientific research and technical service, production and supply of electricity, gas and water, agriculture, forestry, husbandry, and fishing, and real estate had reached 2.3%, 2.1%, 1.2% and 0.9%, respectively.

By the end of 2012, China had set up about 2,000 foreign-invested enterprises in European Union, covered all the 27 member countries in European Union and employed 42,000 local staff.

Chart 14 Industrial Distribution of China's Outward FDI to European Union, 2012

(Millions of Dollars)

Industries	Flows	Share (%)	Stock	Share (%)
Leasing and Business Service	1 259.31	20.6	9 667.20	30.7
Finance	1 045.03	17.1	6 638.34	21.0
Manufacturing	1 806.15	29.5	6 302.36	20.0
Mining	45.06	0.7	3 793.12	12.0
Wholesale and Retail Trade	427.10	7.0	1 418.88	4.5
Transport, Storage and Post	851.97	13.9	1 163.35	3.7
Scientific Research and Technical Service	56.65	0.9	714.25	2.3
Production and Supply of Electricity, Gas and Water	294.24	4.8	662.06	2.1
Agriculture, Forestry, Husbandry and Fishing	11.53	0.2	363.50	1.2
Real Estate	129.57	2.1	274.43	0.9
Lodging and Catering Services	38.22	0.6	143.75	0.5
Construction	12.54	0.2	111.67	0.3
Education	95.96	1.6	95.96	0.3
Information Transmission, Computer Services and Software	23.49	0.4	84.44	0.2
Residents Service, Repair and Other Services	12.92	0.2	76.21	0.2
Others	10.16	0.2	28.72	0.1
Total	**6 119.90**	**100.0**	**31 538.24**	**100.0**

3.3 China's Outward FDI to ASEAN

In 2012, China's outward FDI to the ten ASEAN countries reached $6.1 billion, with a year-on-year increase of 3.3%, accounting for 6.9% of the total and 9.4% of China's outward FDI flows to Asia. The stock reached $28.238 billion, accounting for 5.3% of the total and 7.7% of China's outward FDI stock in Asia. By the end of 2012, China had set up more than 2,600 foreign-invested enterprises in ASEAN and had employed 118.3 thousand local staff.

In 2012, among China's outward FDI flow to ASEAN, mining received $1.714 billion, accounting for 28.1% of the total, mainly distributed in Indonesia, Laos, Thailand and Myanmar. Production and supply of electricity, gas and water received $1.082 billion, accounting for 17.7% of the total, mainly distributed in Myanmar, Singapore, Indonesia and Cambodia. Manufacturing received $0.988 billion, accounting for 16.2% of the total, mainly distributed in Thailand, Vietnam, Malaysia, Cambodia, Indonesia, Singapore, Laos and Philippines. Wholesale and retail trade received $0.683 billion, accounting for 11.2% of the total, mainly distributed in Singapore, Indonesia and Laos. Constructions received $0.601 billion, accounting for 9.9% of the total, mainly distributed in Laos, Singapore, Cambodia and Indonesia. Leasing and business services received $0.44 billion, accounting for 7.2% of the total, mainly distributed in Singapore, Laos, Vietnam and Philippines. Agriculture, forestry, husbandry and fishing accounted for 4.9% of the total, mainly distributed in Laos, Cambodia and Indonesia.

In terms of industrial distribution of China's outward FDI stock in ASEAN, Production and supply of electricity, gas and water had received $5.12 billion, accounting for 18.1% of the total, mainly distributed in Singapore, Myanmar, Cambodia, Indonesia, Laos and Vietnam. Mining had received $4.033billion, accounting for 14.3% of the total, mainly distributed in Indonesia, Myanmar, Laos, Singapore and Thailand. Wholesale and retail trade had received $3.558 billion, accounting for 12.6% of the total, mainly distributed in Singapore, Thailand, Vietnam and Indonesia. Leasing and business services had received $3.388 billion, accounting for 12% of the total, mainly distributed in Singapore, Laos, Thailand, Vietnam and Philippines. Manufacturing had received $3.348 billion, accounting for 11.9% of the total, which had been most widely distributed among ASEAN countries. The following countries had received more than $100 million, namely, Vietnam, Thailand, Cambodia, Malaysia, Singapore, Indonesia and Laos. Finance had received $2.577 billion, accounting for 9.1% of the total, mainly distributed in Singapore, Thailand, Malaysia, Indonesia and Philippines. The share of construction had reached 7.9% of the total, mainly distributed in Cambodia, Singapore, Thailand, Laos, Malaysia and Vietnam. The share of transport, storage and post had reached 7.4%, mainly distributed in Singapore. The share of agriculture, forestry, husbandry and fishing had reached 3.5%, mainly distributed in Laos, Indonesia, Cambodia, Vietnam, Myanmar and Thailand. The shares of scientific research and technical service, real estate, information transmission, computer services and software, resident service and other services had reached 1.6%, 0.6%, 0.4% and 0.3%, respectively.

Chart 15 Industrial Distribution of China's Outward FDI to ASEAN, 2012

(Millions of Dollars)

Industries	Flows	Share(%)	Stock	Share(%)
Production and Supply of Electricity, Gas and Water	1 081.79	17.7	5 119.96	18.1
Mining	1 714.34	28.1	4 033.28	14.3
Wholesale and Retail Trade	682.88	11.2	3 558.30	12.6
Leasing and Business Service	440.41	7.2	3 387.69	12.0
Manufacturing	988.21	16.2	3 347.56	11.9
Finance	93.99	1.5	2 577.48	9.1
Construction	600.94	9.9	2 216.39	7.9
Transport, Storage and Post	93.19	1.5	2 098.15	7.4
Agriculture, Forestry, Husbandry and Fishing	299.71	4.9	996.67	3.5
Scientific Research and Technical Service	24.64	0.4	452.41	1.6
Real Estate	44.53	0.7	182.06	0.6
Information Transmission, Computer Services and Software	6.28	0.1	120.03	0.4
Residents Service, Repair and Other Services	12.02	0.2	74.78	0.3
Lodging and Catering Services	12.41	0.2	29.30	0.1
Culture, Sports and Entertainment	3.08	0.1	17.84	0.1
Others	2.02	0.1	25.64	0.1
Total	**6 100.44**	**100.0**	**28 237.54**	**100.0**

Graph 14 China's Outward FDI Stock in Ten ASEAN Countries, by the End of 2012

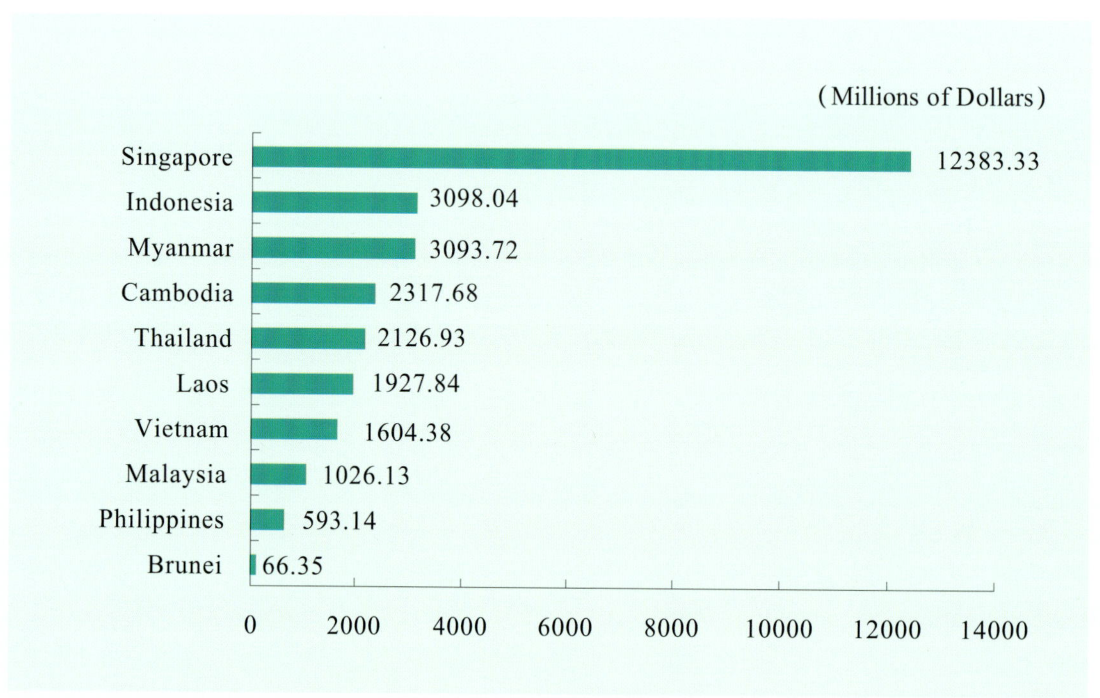

3.4 China's Outward FDI to the United States

In 2012, China's outward FDI flows to the United States was $4.048 billion, with a year-on-year increase of 123.5%, making the United States second largest destination for Chinese enterprises' outward FDI, after Hong Kong. By the end of 2012, China's outward FDI stock in the United States had reached $17.08 billion, accounting for 3.2% of the total. Chinese overseas enterprises had employed 27,000 United States local staff, an increase of 13,000 than that of the previous year.

In 2012, China's outward FDI in the United States was widely distributed. The following industries received more than $100 million, namely, mining, manufacturing, financial sector, wholesale and retail, leasing and business services, production and supply of electricity, heat, gas and water, scientific research and technical services. Mining, manufacturing, financial sector, wholesale and retail, leasing and business services, production and supply of electricity, heat, gas and water, scientific research and technical services received $1.411 billion, $1.156 billion, $0.4 billion, $0.343 billion, $0.249 billion, $0.143 billion and $0.108

Chart 16 Industrial Distribution of China's Outward FDI to the United States, 2012

(Millions of Dollars)

Industries	Flows	Share(%)	Stock	Share(%)
Finance	399.83	9.9	5 827.24	34.1
Manufacturing	1 155.80	28.6	3 794.35	22.2
Wholesale and Retail Trade	342.99	8.5	1 674.31	9.8
Mining	1 411.30	34.9	1 605.46	9.4
Production and Supply of Electricity, Gas and Water	143.00	3.5	1 586.55	9.3
Wholesale and Retail Trade	248.71	6.1	961.71	5.7
Transport, Storage and Post	35.45	0.9	398.02	2.3
Construction	28.50	0.7	295.83	1.7
Scientific Research and Technical Service	108.00	2.7	279.80	1.7
Lodging and Catering Services	12.72	0.3	125.04	0.7
Real Estate	18.52	0.5	122.43	0.7
Residents Service, Repair and Other Services	45.28	1.1	119.22	0.7
Information Transmission, Computer Services and Software	37.35	0.9	107.86	0.6
Culture, Sports and Entertainment	5.68	0.1	68.82	0.4
Agriculture, Forestry, Husbandry and Fishing	22.01	0.6	68.19	0.4
Management of Water, Environment and Public Facilities	25.00	0.6	26.71	0.2
Education	5.87	0.1	15.27	0.1
Others	1.84	—	2.96	—
Total	**4 047.85**	**100.0**	**17 079.77**	**100.0**

billion, accounting for 34.9%, 28.6%, 9.9%, 8.5%, 6.1%, 3.5% and 2.7% of the total, respectively.

In terms of industrial distribution of China's outward FDI stock in the United States, finance had received $5.827 billion, accounting for 34.1% of the total. Manufacturing had received $3.794 billion, accounting for 22.2% of the total, mainly distributed in transportation equipment manufacturing, equipment manufacturing, rubber manufacturing, general equipment manufacturing, medical equipment manufacturing, non-ferrous metal smelting and rolling processing industry, fabricated metal products and textiles. Wholesale and retail trade had received $ 1.674 billion, accounting for 9.8%. Mining had received $ 1.605 billion, accounting for 9.4%. Production and supply of electricity, gas and water had received $1.587, accounting for 9.3%. Leasing and business services had received $0.962 billion, accounting for 5.7%. The shares of transport, storage and post, construction and scientific research and technical service had reached 5.7%, 2.3%, 1.7% and 1.7%, respectively.

3.5 China's Outward FDI to Australia

In 2012, China's outward FDI flows to Australia reached $2.173 billion, with a year-on-year decrease of 31.3%. Among the flows, mining, agriculture, forestry, husbandry and fishing, finance, and wholesale and retail trade received $1.437 billion, $0.13 billion, $0.124 billion and $0.108 billion, accounting for 66.1%,

Chart 17 Industrial Distribution of China's Outward FDI to Australia, 2012

(Millions of Dollars)

Industries	Flows	Share(%)	Stock	Share(%)
Mining	1 436.86	66.1	9 268.79	66.8
Wholesale and Retail Trade	28.53	1.3	1 533.04	11.1
Finance	123.60	5.7	1 122.49	8.1
Real Estate	96.42	4.4	478.73	3.5
Wholesale and Retail Trade	108.39	5.0	438.38	3.2
Manufacturing	66.59	3.1	366.26	2.6
Agriculture, Forestry, Husbandry and Fishing	130.41	6.0	173.29	1.2
Residents Service, Repair and Other Services	88.46	4.1	122.61	0.9
Scientific Research and Technical Service	43.42	2.0	109.41	0.8
Construction	18.33	0.9	103.81	0.7
Transport, Storage and Post	1.99	0.1	59.28	0.4
Production and Supply of Electricity, Gas and Water	19.67	0.9	50.50	0.4
Education	1.00		27.90	0.2
Lodging and Catering Services	9.31	0.4	18.00	0.1
Others	—	—	0.56	—
Total	**2 172.98**	**100.0**	**13 873.05**	**100.0**

6%, 5.7% and 5%, respectively. The shares of real estate, resident service, repair and other services, and manufacturing were 4.4%, 4.1% and 3.1%, respectively.

By the end of 2012, China's outward FDI stock in Australia had reached $13.873 billion, accounting for 2.6% of the total and 91.8% of China's outward FDI stock in Oceania. China had set up over 500 overseas enterprises in Australia and had employed more than 4500 local staff there. In terms of industrial distribution of the stock, mining, leasing and business services and finance had received $9.269 billion, $1.533 billion and $1.122 billion, accounting for 66.8%, 11.1% and 8.1%, respectively. The shares of real estate, wholesale and retail trade, manufacturing, and agriculture, forestry, husbandry and fishing had reached 3.5%, 3.2%, 2.6% and 1.2%, respectively.

3.6 China's Outward FDI to the Russian Federation

In 2012, China's outward FDI flows to the Russian Federation reached $0.785 billion, with a year-on-year increase of 9.6%, accounting for 0.9% of the total and 11.2% of China's outward FDI to Europe. In terms of industrial distribution, the flows concentrated on agriculture, forestry, husbandry and fishing (30%), leasing and business services (23.3%), manufacturing (22.2%), mining (13.5%), construction (8%) and wholesale and retail trade (5.9%).

By the end of 2012, China's outward FDI stock in the Russian Federation had reached $4.889 billion,

Chart 18 Industrial Distribution of China's Outward FDI to the Russian Federation, 2012

(Millions of Dollars)

Industries	Flows	Share(%)	Stock	Share(%)
Agriculture, Forestry, Husbandry and Fishing	235.25	30.0	1 280.52	26.2
Leasing and Business Service	182.58	23.3	894.94	18.3
Mining	106.67	13.5	758.70	15.5
Manufacturing	174.01	22.2	612.44	12.5
Real Estate	1.90	0.2	548.83	11.2
Construction	62.63	8.0	336.67	6.9
Wholesale and Retail Trade	46.02	5.9	240.92	4.9
Finance	-29.99	-3.8	137.46	2.8
Residents Service, Repair and Other Services	2.22	0.3	28.46	0.6
Information Transmission, Computer Services and Software	1.06	0.1	20.34	0.4
Transport, Storage and Post	0.28	—	14.16	0.3
Scientific Research and Technical Service	-0.45	—	7.10	0.2
Others	2.44	0.3	7.95	0.2
Total	**784.62**	**100.0**	**4 888.49**	**100.0**

accounting for 0.9% of the total and 13.2% of China's outward FDI stock in Europe. China had set up over 900 overseas enterprises in Russian Federation and had employed 16,000 local staff. In terms of industrial distribution of the stock, agriculture, forestry, husbandry and fishing, leasing and business services, mining and real estate had received $1.281 billion, $0.895 billion, $0,759 billion, $0.612 billion and $0.549 billion, accounting for 26.2%, 18.3%, 15.5%, 12.5% and 11.2%, respectively. The shares of construction, wholesale and retail trade, and finance had reached to 6.9%, 4.9% and 2.8%, respectively.

4.Structure of China's Outward Investors

At the end of 2012, the number of China's outward FDI enterprises reached 16,000. In terms of registration types of domestic investors, limited liability companies accounted for 62.5% of the total, with a year-on-year increase of 2.1%, making it the most active group among the outward investors. State-owned enterprises accounted for 9.1%, with a year-on-year decrease of 2%. The shares of private enterprises, incorporated companies, joint-stock cooperative enterprises, foreign-invested enterprises, Hong Kong, Macao and Taiwan-invested enterprises, the self-employed, collective enterprises and others were 8.3%, 7.4%, 3.4%, 3.4%, 2.2%, 1.6%, 0.8% and 1.3%, respectively.

Graph 15 Structure of Domestic Investors, by Registration Type, by the End of 2012

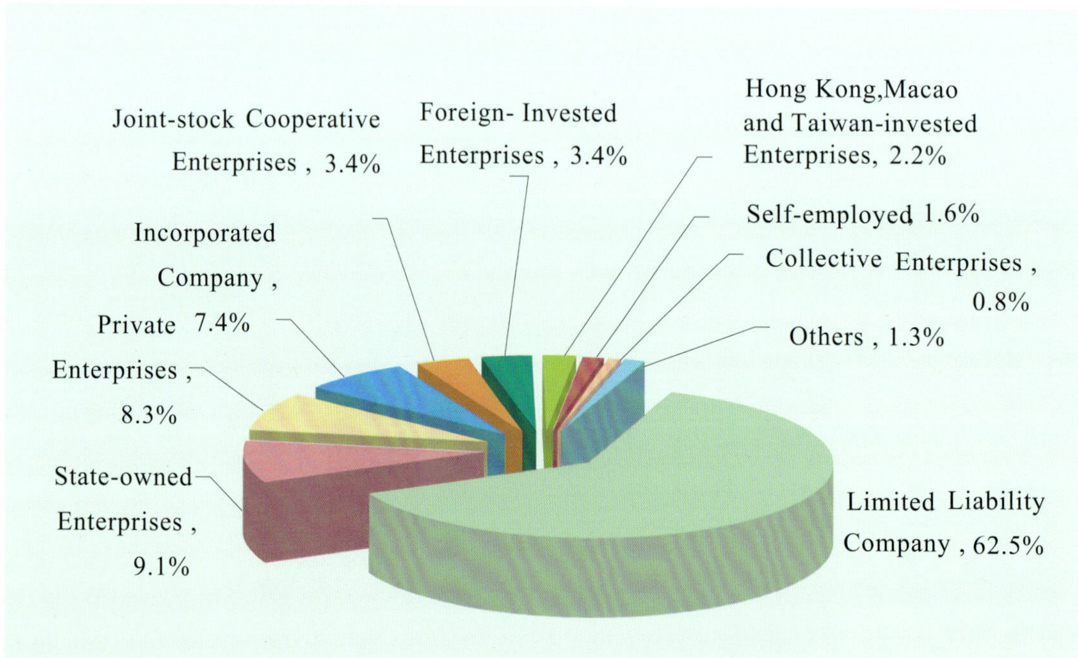

Chart 19 Domestic Investors by Registration Types by the End of 2012

Types of Enterprise Registration	QTY	Share (%)
Limited liability Company	10 004	62.5
State-Owned Enterprises	1 461	9.1
Private Enterprises	1 326	8.3
Incorporated Company	1 191	7.4
Joint-Stock Cooperative Enterprises	549	3.4
Foreign-invested Enterprises	536	3.4
Hong Kong, Macao and Taiwan-Invested Enterprises	358	2.2
Self-Employed	250	1.6
Collective Enterprises	130	0.8
Others	189	1.3
Total	**15 994**	**100.0**

Among the outward non-financial investors, central enterprises and units only accounted for 2.9%, while enterprises from provinces, autonomous regions and municipalities accounted for 97.1%. The top ten provinces, autonomous regions and municipalities in terms of outward FDI enterprises were as follows: Zhejiang, Guangdong, Jiangsu, Shandong, Fujian, Shanghai, Beijing, Liaoning, Hunan and Henan, which together accounted for 74.8% of the total. Most of the outward FDI enterprises came from Zhejiang, accounting for 16.8% of the total. Guangdong ranked second, accounting for 14.5% of the total. Jiangsu ranked third, accounting for 10.1%. Private enterprises as outward investors mainly came from Zhejiang, Jiangsu and Guangdong, which together accounted for 55.9% of the total.

In terms of industrial distribution of domestic investors, over 11,000 enterprises in manufacturing as well as wholesale and retail trade, accounting for 70% of the total. Among the enterprises, 37.8% were from manufacturing industry, a 5% decrease from that in the previous year, mainly distributed in textiles and clothing, decoration industry, communications equipment, computers and other electronic equipment manufacturing, textiles, electrical machinery and equipment manufacturing, special equipment manufacturing, fabricated metal products, culture, art, sports and entertainment products manufacturing, pharmaceutical manufacturing, chemical materials and chemical products manufacturing, and automobile manufacturing. 32.8% located in wholesale and retail trade, 10% increase from that in the previous year. In addition, leasing and business services, agriculture, forestry, husbandry and fishing, construction and mining accounted for 5.4%, 3.7%, 3.5% and 3.2%, respectively.

Graph 16 Industrial Structure of Domestic Investors, by the End of 2012

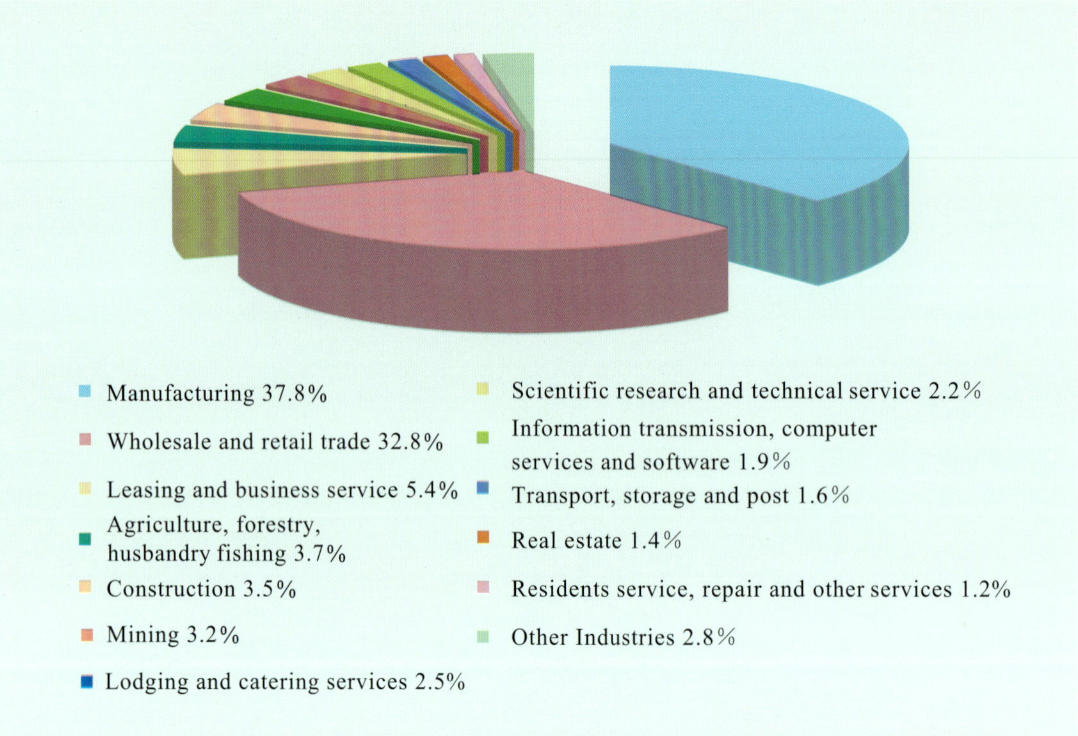

Chart 20 Structure of Domestic Investors, 2012

Industries	QTY	Share(%)
Manufacturing	6 042	37.8
Wholesale and Retail Trade	5 241	32.8
Leasing and Business Service	870	5.4
Agriculture, Forestry, Husbandry and Fishing	594	3.7
Construction	562	3.5
Mining	513	3.2
Lodging and Catering Services	394	2.5
Scientific Research and Technical Service	351	2.2
Information Transmission, Computer Services and Software	304	1.9
Transport, Storage and Post	258	1.6
Real Estate	224	1.4
Residents Service, Repair and Other Services	189	1.2
Production and Supply of Electricity, Gas and Water	129	0.8
Culture, Sports and Entertainment	101	0.6
Others	222	1.4
Total	**15 994**	**100.0**

5.Geographical and Industrial Distribution of China's FDI Enterprises

By the end of 2012, China had set up 22,000 overseas FDI enterprises (hereinafter referred to as overseas enterprises) in 179 countries and regions around the world.

5.1 Overseas enterprises located in 80% of the countries and regions around the world.

Chart 21 Geographical Distribution of China's Overseas Enterprises by the End of 2012

Continents	QTY of Countries (Regions) at the end of 2012	QTY of Countries (Regions)covered by China's FDI Enterprises	Coverage (%)
Asia	48[a]	45[b]	95.7[b]
Europe	49	42	85.7
Africa	60	51	85
North America	4	3	75
Latin America	48	27	56.3
Oceania	24	11	45.8
Total	**233**	**179**	**76.8**

Note: [a] including China, [b] excluding China while calculating coverage.

By the end of 2012, Chinese enterprises had set up overseas enterprises in 179 countries and regions around the world, and the global coverage had reached 76.8%. The country coverage in Asia, Europe and Africa had reached 95.7%, 85.7% and 85% respectively.

Graph 17 Regional Coverage of China's Overseas Enterprises, by the End of 2012

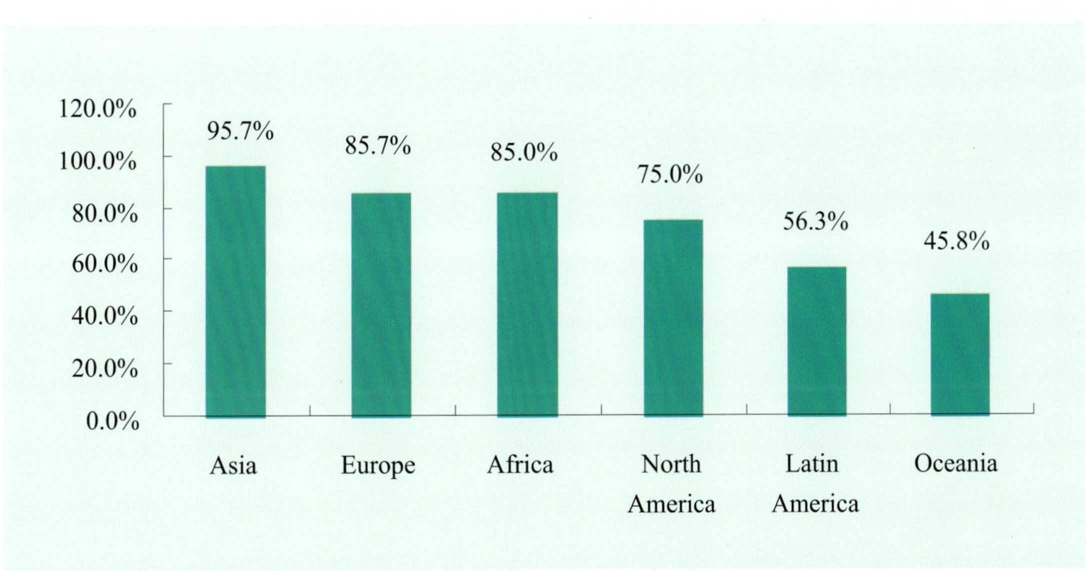

Chart 22 Countries (Regions) Without China's Overseas Enterprises by the End of 2012

Continents	QTY	Countries (Regions)
Asia	2	Bhutan, Maldives
Africa	9	Canary Islands, Ceuta, Reunion, Somalia, Burkina Faso, Melilla, Swaziland, Mayotte, Western Sahara
Europe	7	Andorra, Gibraltar, Iceland, Macedonia,FYR, the Vatican City State, Faroe Islands, San Marino
Latin America	21	Aruba, Belize, Bonaire, Curacao, French Guiana, Guadeloupe, Guatemala, Haiti, Honduras, Martinique, Montserrat, Nicaragua, Puerto Rico, Saba, Saint Lucia, Saint Martin Islands, El Salvador, Turks and Caicos Islands, St. Kitts and Nevis Saint Pierre and Miquelon, Netherlands Antilles.
North America	1	Greenland
Oceania	13	Gambier Islands, Marquesas Islands, Nauru, New Caledonia, Norfolk Island, Society Islands, Solomon Islands, Tuamotu Islands, Tubuai, Kiribati, Tuvalu, French Polynesia, Walliset and Futuna
Total	**53**	

5.2 Half of the FDI enterprises located in Asia and relatively concentrated in some areas.

China had set up 12,000 overseas enterprises in Asia, which accounted for 54.5% of its global total. These enterprises were mainly located in Hong Kong, Vietnam, Japan, the United Arab Emirates, Singapore, Laos, Indonesia, Korea, Thailand and Cambodia. Among the overseas enterprises, 5300 had been located in Hong Kong, accounting for 24.6% of the total, making Hong Kong the place hosting most of Chinese overseas enterprises.

China had set up over 3000 overseas enterprises in Europe, 13.8% of the total. These enterprises were mainly located in Russian Federation, Germany, United Kingdom, the Netherlands, Italy, France, etc.

China had set up over 2500 overseas enterprises in Africa, 11.6% of the total. These enterprises were mainly located in Nigeria, Zambia, South Africa, Ethiopia, Ghana, Egypt, Sudan, Tanzania, Angola and Algeria, etc.

China had set up over 2600 overseas enterprises in North America, 12% of the total. These enterprises were mainly located in the United States and Canada. The number of overseas enterprises in the United States was outranked only by that in Hong Kong.

China had set up 1088 overseas enterprises in Latin America, 5% of the total. These enterprises were mainly located in British Virgin Islands, Brazil, Cayman Islands, Mexico, Peru, Chile, Argentina, etc.

China had set up 500 overseas enterprises in Oceania, 3.1% of the total. These enterprises were mainly located in Australia, New Zealand, Papua New Guinea, Fiji and Samoa.

Chart 23 Geographical Distribution of China's Overseas Enterprises by the End of 2012

Continents	QTY of Overseas Enterprises	Share (%)
Asia	11 906	54.5
Europe	3 023	13.8
North America	2 629	12.0
Africa	2 529	11.6
Latin America	1 088	5.0
Oceania	685	3.1
Total	**21 860**	**100.0**

Graph 18 Geographical Distribution of China's Overseas Enterprises, by the End of 2012

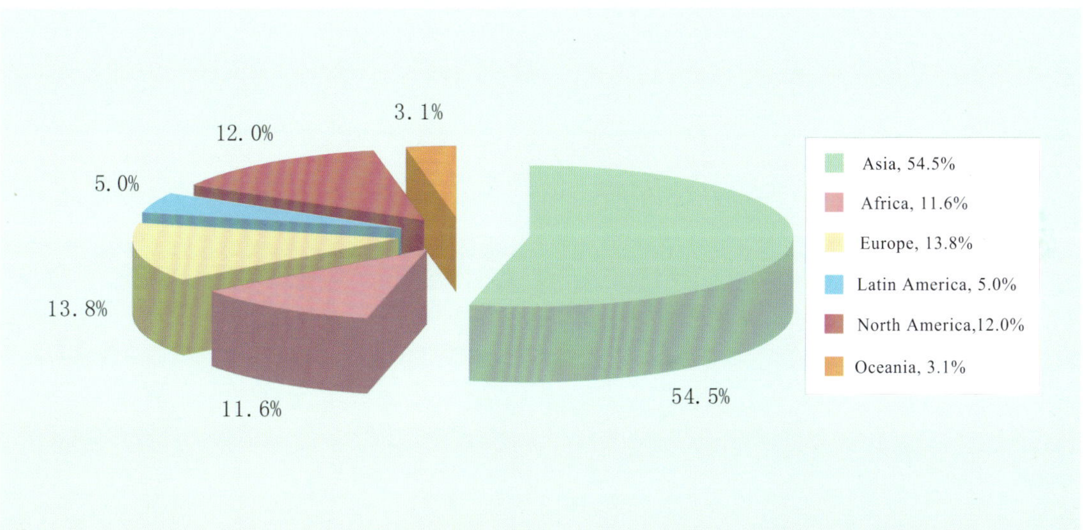

At the end of 2012, the top 20 countries and regions which hosted most of Chinese overseas enterprises were Hong Kong, the United States, Russian Federation, Vietnam, Japan, Germany, United Arab Emirates, Australia, Singapore, Laos, Canada, Indonesia, Korea, Thailand, Virgin, Cambodia, United Kingdom, Mongolia, Nigeria and Malaysia. More than 15,000 Chinese overseas enterprises were located in the above mentioned countries and regions, accounting for 70.1% of the total.

5.3 Widely distributed among industries, with wholesale and retail trade as well as manufacturing accounting for 50%.

In terms of industrial distribution of the overseas enterprises, over 5000 overseas enterprises were in wholesale and retail trade and in manufacturing sector, accounting for 27.4% and 25.7% of the total, respectively. In addition, the shares of leasing and business service, construction, mining, agriculture, forestry, husbandry and fishing, scientific research and technical service, transport, storage and post, residents service, repair and other services, information transmission, computer services and software, and real estate were 12.9%, 6.9%, 6%, 4.6%, 4.1%, 3.5%, 2.6%, 2.6% and 1.2%, respectively.

Chart 24 Industrial Distribution of China's Overseas Enterprises by the End of 2012

Industries	QTY of Overseas Enterprises	Share (%)
Wholesale and Retail Trade	5 983	27.4
Manufacturing	5 620	25.7
Leasing and Business Service	2 822	12.9
Construction	1 517	6.9
Mining	1 308	6.0
Agriculture, Forestry, Husbandry and Fishing	1 012	4.6
Scientific Research and Technical Service	887	4.1
Transport, Storage and Post	758	3.5
Residents Service, Repair and Other Services	571	2.6
Information Transmission, Computer Services and Software	453	2.1
Real Estate	266	1.2
Production and Supply of Electricity, Gas and Water	221	1.0
Lodging and Catering Services	215	1.0
Culture, Sports and Entertainment	162	0.7
Management of Water, Environment and Public Facilities	30	0.2
Others	35	0.1
Total	**21 860**	**100.0**

5.4 Overseas enterprises were mainly set up as overseas subsidiaries and branches.

In terms of Chinese overseas enterprises' establishment mode, subsidiaries and branches accounted for 83.7% and 12% respectively. The share of associated companies only reached 4.3%.

5.5 Provincial enterprises played a dominant role, while central enterprises and units accounted for only 10%.

In terms of numbers of overseas enterprises, local enterprises accounted for 88.4%, while the share of central enterprises and units was only 11.6%. The top ten provinces and municipalities were Zhejiang, Guangdong, Jiangsu, Shandong, Shanghai, Fujian, Liaoning, Beijing, Hunan and Tianjin, together accounting for 66.5% of the total. Among the overseas enterprises, the largest number of foreign enterprises came from Zhejiang, accounting for 17.1% of the total. Guangdong and Jiangsu ranked second and third, accounting for 12.5% and 8.7% of the total, respectively.

Graph 19 Overseas FDI Enterprises Established by China's Major Provinces and Municipalities by the End of 2012

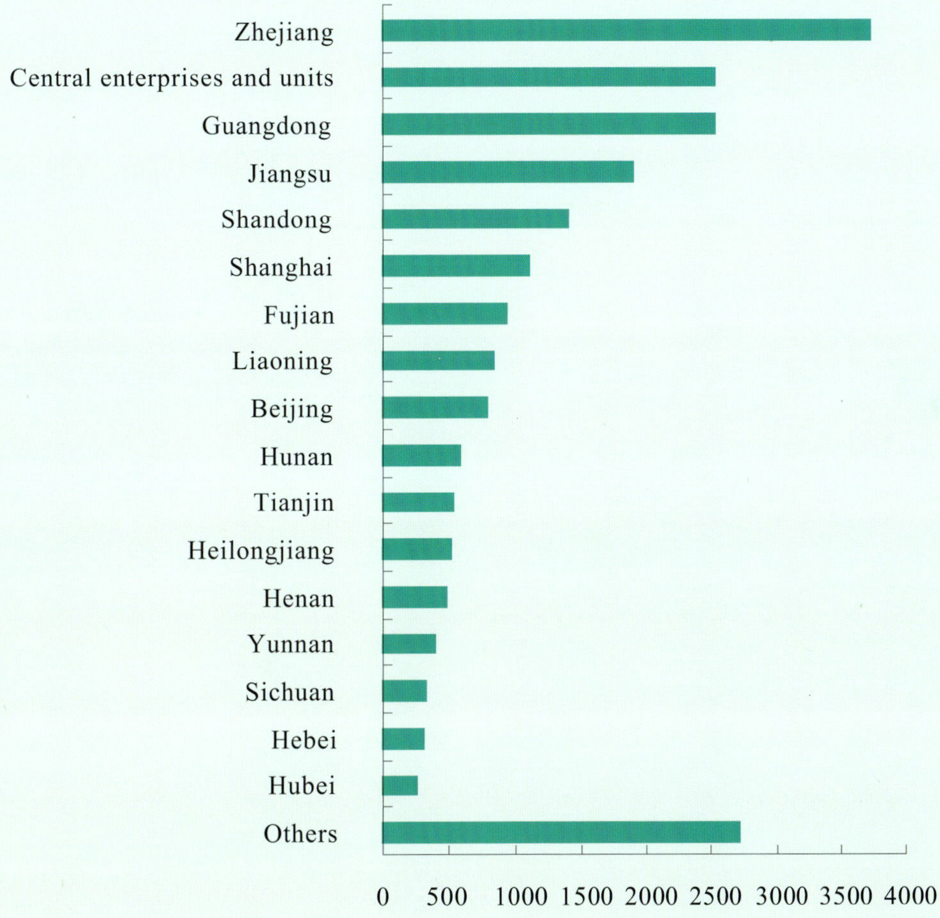

6.Statstics on China's Outward FDI

Table 1 China's Outward FDI Flows by Country and Region,2004-2012

(Millions of Dollars)

Country/Region	2004	2005	2006	2007	2008	2009	2010	2011	2012
Total	**5 497.99**	**12 261.17**	**17 633.97**	**26 506.09**	**55 907.17**	**56 528.99**	**68 811.31**	**74 654.04**	**87 803.53**
Asia	**3 013.99**	**4 484.17**	**7 663.25**	**16 593.15**	**43 547.50**	**40 407.59**	**44 890.46**	**45 494.45**	**64 784.94**
Afghanistan	--	--	0.25	0.10	113.91	16.39	1.91	295.54	17.61
Bahrian	--	0.07	-1.92	--	0.12	--	--	--	5.08
Bangladesh	0.76	0.18	5.31	3.64	4.50	10.75	7.24	10.32	33.03
Brunei	--	1.50	--	1.18	1.82	5.81	16.53	20.11	0.99
Cambodia	29.52	5.15	9.81	64.45	204.64	215.83	466.51	566.02	559.66
Cyprus	--	--	--	0.30	--	--	--	89.54	3.48
Hong Kong	2 628.39	3 419.70	6 930.96	13 732.35	38 640.30	35 600.57	38 505.21	35 654.84	51 238.44
India	0.35	11.16	5.61	22.02	101.88	-24.88	47.61	180.08	276.81
Indonesia	61.96	11.84	56.94	99.09	173.98	226.09	201.31	592.19	1 361.29
Iran	17.55	11.60	65.78	11.42	-34.53	124.83	511.00	615.56	702.14
Iraq	--	--	0.35	0.36	-1.66	1.79	48.14	122.44	148.40
Israel	--	6.00	1.00	2.22	-1.00	--	10.50	2.01	11.58
Japan	15.30	17.17	39.49	39.03	58.62	84.10	337.99	149.42	210.65
Jordan	--	1.01	-6.18	0.60	-1.63	0.11	0.07	0.18	9.83
Kazakhstan	2.31	94.93	46.00	279.92	496.43	66.81	36.06	581.60	2 995.99
Korea, Rep.	40.23	588.82	27.32	56.67	96.91	265.12	-721.68	341.72	942.40
Korea,DPR	14.13	6.50	11.06	18.40	41.23	5.86	12.14	55.95	109.46
Kuwait	1.69	--	4.06	-6.25	2.44	2.92	22.86	42.00	-11.88
Kyrgyzstan	5.33	13.74	27.64	14.99	7.06	136.91	82.47	145.07	161.40
Lao PDR	3.56	20.58	48.04	154.35	87.00	203.24	313.55	458.52	808.82
Lebanon	0.02	--	--	--	--	--	0.42	--	--
Macau	26.58	8.34	-42.51	47.31	643.38	456.34	96.04	202.88	16.60
Malaysia	8.12	56.72	7.51	-32.82	34.43	53.78	163.54	95.13	199.04
Mongolia	40.16	52.34	82.39	196.27	238.61	276.54	193.86	451.04	904.03
Myanmar	4.09	11.54	12.64	92.31	232.53	376.70	875.61	217.82	748.96
Nepal, FDR	1.68	1.35	0.32	0.99	0.01	1.18	0.86	8.58	7.65
Oman	--	5.22	26.68	2.59	-22.95	-6.24	11.03	9.51	3.37
Pakistan	1.42	4.34	-62.07	910.63	265.37	76.75	331.35	333.28	88.93
Palestine	--	--	--	--	--	--	--	--	0.02

Table 1 Continued 1

(Millions of Dollars)

Country/Region	2004	2005	2006	2007	2008	2009	2010	2011	2012
Philippines	0.05	4.51	9.30	4.50	33.69	40.24	244.09	267.19	74.90
Qatar	0.80	--	3.52	9.81	10.00	-3.74	11.14	38.59	84.46
Saudi Arabia	1.99	21.45	117.20	117.96	88.39	90.23	36.48	122.56	153.67
Singapore	47.98	20.33	132.15	397.73	1 550.95	1 414.25	1 118.50	3 268.96	1 518.75
Sri Lanka	0.25	0.03	0.25	-1.52	9.04	-1.40	28.21	81.23	16.75
Syrian Arab Republic	--	0.20	0.13	-11.26	-1.17	3.43	8.12	-2.08	-6.07
Taiwan Prov	--	--	-0.03	-0.05	-0.06	0.04	17.35	11.08	112.88
Tajikistan	4.99	0.77	6.98	67.93	26.58	16.67	15.42	22.10	234.11
Thailand	23.43	4.77	15.84	76.41	45.47	49.77	699.87	230.11	478.60
Timor-Leste	0.10	--	--	--	--	--	--	--	--
Turkey	1.58	0.24	1.15	1.61	9.10	293.26	7.82	13.50	108.95
Turkmenistan	--	--	-0.04	1.26	86.71	119.68	450.51	-383.04	12.34
United Arab Emirates	8.31	26.05	28.12	49.15	127.38	88.90	348.83	314.58	105.11
Uzbekistan	1.08	0.09	1.07	13.15	39.37	4.93	-4.63	88.25	-26.79
Viet Nam	16.85	20.77	43.52	110.88	119.84	112.39	305.13	189.19	349.43
Yemen	3.43	35.16	7.61	43.47	18.81	1.64	31.49	-9.12	14.07
Africa	**317.43**	**391.68**	**519.86**	**1 574.31**	**5 490.55**	**1 438.87**	**2 111.99**	**3 173.14**	**2 516.66**
Algeria	11.21	84.87	98.93	145.92	42.25	228.76	186.00	114.34	245.88
Angola	0.18	0.47	22.39	41.19	-9.57	8.31	101.11	72.72	392.08
Benin	13.77	1.31	--	6.32	14.56	0.09	1.76	0.75	5.06
Botswana	0.27	3.69	2.76	1.87	14.06	18.44	43.85	21.86	21.10
Burundi	--	--	--	--	--	0.69	--	--	1.50
Cameroon	0.37	0.19	0.73	2.05	1.69	0.82	14.88	1.87	17.65
Cape Verde	--	0.32	0.23	0.09	0.48	--	-0.46	--	--
Central African Republic.	--	--	--	--	--	--	25.81	2.48	--
Chad	--	2.71	1.61	0.75	9.47	51.21	2.13	-12.48	80.68
Comoros	--	--	--	--	--	--	-0.01	--	0.50
Congo	0.51	8.11	13.24	2.50	9.79	28.07	34.38	6.81	98.80
Congo,DR	11.91	5.07	36.73	57.27	23.99	227.16	236.19	75.18	344.17
Cote d'Ivoire	6.75	8.74	-2.91	1.74	-7.02	1.51	-5.02	0.87	3.61
Djibouti	--	--	--	1.00	--	3.40	4.23	5.66	--
Egypt	5.72	13.31	8.85	24.98	14.57	133.86	51.65	66.45	119.41
Equatorial Guinea	1.69	6.35	10.19	12.82	-4.86	20.88	22.08	12.47	138.84
Eritrea	--	--	0.01	0.45	-0.49	0.23	2.94	3.30	1.96
Ethiopia	0.43	4.93	23.95	13.28	9.71	74.29	58.53	72.30	121.56
Gabon	5.60	2.08	5.53	3.31	32.05	11.88	23.44	1.93	30.69
Gambia	--	--	--	--	--	--	--	--	--
Ghana	0.34	2.57	0.50	1.85	10.99	49.35	55.98	40.07	208.49

Table 1 Continued 2

(Millions of Dollars)

Country/Region	2004	2005	2006	2007	2008	2009	2010	2011	2012
Guinea	14.44	16.34	0.75	13.20	8.32	26.98	9.74	24.55	64.44
Kenya	2.68	2.05	0.18	8.90	23.23	28.12	101.22	68.17	78.73
Lesotho	0.03	0.60	--	--	0.62	0.10	0.56	0.03	0.21
Liberia	0.58	8.65	-7.03	--	2.56	1.12	29.89	21.09	12.00
Libyan Arab Jamahiriya	0.06	0.25	-8.51	42.26	10.54	-38.55	-10.50	47.88	-6.68
Madagascar	13.64	0.14	1.17	13.24	61.16	42.56	33.58	23.10	8.43
Malawi	--	--	--	0.20	5.44	--	9.86	1.20	10.33
Mali	--	--	2.60	6.72	-1.28	7.99	3.05	47.58	44.42
Mauritania	0.09	0.36	4.78	-4.98	-0.65	6.53	5.77	19.69	30.87
Mauritius	0.44	2.04	16.59	15.58	34.44	14.12	22.01	419.46	57.83
Morocco	1.80	0.85	1.78	2.64	6.88	16.42	1.75	9.11	1.05
Mozambique	0.66	2.88	--	10.03	5.85	15.85	0.28	20.26	230.52
Namibia	--	0.18	0.85	0.91	7.59	11.62	5.51	5.04	25.12
Niger	1.53	5.76	7.94	100.83	-0.01	39.87	196.25	51.63	-195.94
Nigeria	45.52	53.30	67.79	390.35	162.56	171.86	184.89	197.42	333.05
Republic of South Sudan	--	--	--	--	--	--	--	0.05	7.80
Rwanda	--	1.42	2.99	-0.41	12.88	8.62	12.72	9.69	5.02
Sao Tome and Principe	--	--	--	--	--	--	0.02	--	0.07
Senegal	--	--	--	0.24	3.60	11.04	18.96	0.19	4.47
Seychelles	--	0.05	0.06	0.09	0.05	0.36	12.28	4.34	53.40
Sierra Leone	5.92	0.49	3.71	2.85	11.42	0.90	--	10.75	7.69
South Africa	17.81	47.47	40.74	454.41	4 807.86	41.59	411.17	-14.17	-814.91
Sudan	146.70	91.13	50.79	65.40	-63.14	19.30	30.96	911.86	-1.69
Tanzania	1.62	0.96	12.54	-3.82	18.22	21.58	25.72	53.12	119.70
Togo	1.85	0.31	4.58	2.70	4.20	8.91	11.77	9.04	20.59
Tunisia	0.22	--	1.73	-0.34	--	-1.30	-0.29	3.76	-0.65
Uganda	0.15	0.17	0.23	4.01	-6.70	1.29	26.50	9.91	9.79
Zambia	2.23	10.09	87.44	119.34	213.97	111.80	75.05	291.78	291.55
Zimbabwe	0.71	1.47	3.42	12.57	-0.72	11.24	33.80	440.03	287.47
Europe	**157.21**	**395.49**	**597.71**	**1 540.43**	**875.79**	**3 352.72**	**6 760.19**	**8 251.08**	**7 035.09**
Albania	--	--	0.01	--	--	--	0.08	--	--
Austria	--	--	0.04	0.08	--	--	0.46	20.22	53.43
Azerbai jan	0.20	--	3.94	-1.15	-0.66	1.73	0.37	17.68	0.34
Belarus	--	--	--	--	2.10	2.10	19.22	8.67	43.50
Belgium	0.05	--	0.13	4.91	--	23.62	45.33	35.90	98.40
Bosnia and Hercegovina	--	--	--	--	--	1.51	0.06	0.04	0.06

Table 1 Continued 3

(Millions of Dollars)

Country/Region	2004	2005	2006	2007	2008	2009	2010	2011	2012
Bulgaria	0.35	1.72	--	--	--	-2.43	16.29	53.90	54.17
Croatia	--	--	--	1.20	--	0.26	0.03	0.05	0.05
Czech Republic	0.46	--	9.10	4.97	12.79	15.60	2.11	8.84	18.02
Denmark	-7.78	10.79	-58.91	0.27	1.33	2.64	1.61	5.89	5.14
Finland	--	--	--	0.01	2.66	1.11	18.04	1.56	1.36
France	10.31	6.09	5.60	9.62	31.05	45.19	26.41	3 482.32	153.93
Georgia	4.84	--	9.94	8.21	10.00	7.78	40.57	0.80	68.74
Germany	27.50	128.74	76.72	238.66	183.41	179.21	412.35	512.38	799.33
Greece	0.20	--	--	0.03	0.12	--	--	0.43	0.88
Hungary	0.10	0.65	0.37	8.63	2.15	8.21	370.10	11.61	41.40
Iceland	--	--	--	--	--	--	-0.05	--	--
Ireland	--	--	25.29	0.20	42.33	-0.95	32.88	16.93	48.88
Italy	3.10	7.46	7.63	8.10	5.00	46.05	13.27	224.83	118.58
Latvia	--	--	--	-1.74	--	-0.03	--	--	--
Liechtenstein	--	--	--	0.28	--	0.07	3.55	--	--
Lithuania	--	--	--	--	--	--	--	--	1.00
Luxembourg	--	--	--	4.19	42.13	2 270.49	3 207.19	1 265.00	1 133.01
Macedonia,FYR	--	--	--	--	--	--	--	--	0.06
Malta	0.37	--	0.10	-0.10	0.47	0.22	-2.37	0.27	--
Netherlands	1.91	3.84	5.31	106.75	91.97	101.45	64.53	167.86	442.45
Norway	--	--	0.14	3.60	0.09	3.60	134.73	18.57	8.49
Poland	0.10	0.13	--	11.75	10.70	10.37	16.74	48.66	7.50
Portugal	--	--	--	--	--	--	--	--	5.15
Romania	2.68	2.87	9.63	6.80	11.98	5.29	10.84	0.30	25.41
Russian Federation	77.31	203.33	452.11	477.61	395.23	348.22	567.72	715.81	784.62
Serbia	--	--	--	--	--	--	2.10	0.21	2.10
Slovakia	--	--	--	--	--	0.26	0.46	5.94	2.19
Spain	1.70	1.47	7.30	6.09	1.16	59.86	29.26	139.74	46.24
Sweden	2.64	1.00	5.30	68.06	10.66	8.10	1 367.23	49.01	285.22
Switzerland	0.58	0.59	1.01	1.21	0.01	20.99	27.25	17.19	8.64
Ukraine	1.20	2.03	1.83	5.65	2.41	0.03	1.50	0.77	2.07
United Kingdom	29.39	24.78	35.12	566.54	16.71	192.17	330.33	1 419.70	2 774.73
Latin America	**1 762.72**	**6 466.16**	**8 468.74**	**4 902.41**	**3 677.25**	**7 327.90**	**10 538.27**	**11 935.82**	**6 169.74**
Argentina	1.12	0.35	6.22	136.69	10.82	-22.82	27.23	185.15	743.25
Antigua & Barbuda	--	--	--	--	--	--	--	1.01	--
Bahamas	43.56	22.95	2.72	38.99	-55.91	1.00	--	--	--
Barbados	--	--	1.85	0.41	0.82	0.87	-2.11	--	0.81
Belize	--	--	--	--	0.06	--	-0.08	--	--
Bolivia	--	0.08	18.00	1.97	4.14	18.01	3.06	8.67	43.21
Brazil	6.43	15.09	10.09	51.13	22.38	116.27	487.46	126.40	194.10

Table 1 Continued 4

(Millions of Dollars)

Country/Region	2004	2005	2006	2007	2008	2009	2010	2011	2012
Cayman Islands	1 286.13	5 162.75	7 832.72	2 601.59	1 524.01	5 366.30	3 496.13	4 936.46	827.43
Chile	0.55	1.80	6.58	3.83	0.93	7.78	33.71	13.99	26.22
Colombia	4.53	0.96	-3.36	0.22	6.76	5.74	6.94	33.25	83.51
Costa Rica	--	--	--	--	--	--	0.08	0.01	--
Cuba	--	1.58	30.37	6.58	5.56	12.93	-16.35	76.71	-5.57
Dominica	--	--	--	--	--	--	--	0.50	--
Dominican Republic	--	--	--	--	0.06	0.06	--	--	--
Ecuador	0.30	9.07	2.46	3.58	-9.42	17.90	22.06	-35.06	311.39
Grenada	--	--	--	--	0.12	--	--	--	--
Guyana	--	--	--	60.00	--	--	28.37	0.20	98.84
Honduras	1.38	--	--	-4.38	-0.90	--	--	--	--
Jamaica	--	--	--	--	2.14	--	2.21	35.45	35.86
Mexico	27.10	3.55	-3.69	17.16	5.63	0.82	26.73	41.54	100.42
Panama	0.10	8.36	--	8.33	6.52	13.69	26.06	1.16	0.72
Paraguay	--	--	--	--	3.00	6.47	27.83	5.57	1.42
Peru	0.22	0.55	5.40	6.71	24.55	58.49	139.03	214.25	-49.37
St. Vincent and Grenadines	--	2.82	2.91	5.88	9.46	-9.46	9.05	--	--
Suriname	1.13	2.77	--	17.57	2.42	1.10	6.35	--	-33.23
Trinidad and Tobago	--	--	--	--	--	--	--	0.10	0.19
Uruguay	--	--	--	0.48	--	4.98	0.36	0.36	9.50
Venezuela	4.66	7.40	18.36	69.53	9.78	115.72	94.39	81.77	1 541.76
Virgin Islands, British	385.52	1 226.08	538.11	1 876.14	2 104.33	1 612.05	6 119.76	6 208.33	2 239.28
North America	**126.49**	**320.84**	**258.05**	**1 125.71**	**364.21**	**1 521.93**	**2 621.44**	**2 481.32**	**4 882.00**
Canada	5.12	32.44	34.77	1 032.57	7.03	613.13	1 142.29	554.07	795.16
United States	119.93	231.82	198.34	195.73	462.03	908.74	1 308.29	1 811.42	4 047.85
Bermuda	1.45	56.58	24.94	-102.59	-104.84	0.06	170.86	115.83	38.99
Oceania	**120.15**	**202.83**	**126.36**	**770.08**	**1 951.87**	**2 479.98**	**1 888.96**	**3 318.23**	**2 415.10**
Australia	124.95	193.07	87.60	531.59	1 892.15	2 436.43	1 701.70	3 165.29	2 172.98
Cook Islands	--	--	--	--	--	--	--	--	0.12
Fiji	--	0.25	4.65	2.49	7.97	2.40	5.57	19.63	68.32
Marshall Islands	--	--	2.00	34.16	8.00	26.70	13.18	-27.43	--
Micronesia, Fs	--	0.16	--	6.25	-0.16	--	--	-2.89	3.41
New Zealand	-4.90	3.47	3.49	-1.60	6.46	9.02	63.75	27.89	94.06
Palau	--	--	--	0.50	7.52	--	0.50	0.57	--
Papua New Guinea	0.10	5.88	28.62	196.81	29.92	4.80	5.33	16.65	25.69
Samoa	--	--	--	-0.12	--	0.63	98.93	117.73	47.59
Vanuatu	--	--	--	--	--	--	--	0.79	2.93

Note: Data for 2004-2006 include only non-financial outward FDI flows.

Table 2 China's Outward FDI Stock by Country and Region, 2004-2012

(Millions of Dollars)

Country/ Region	2004	2005	2006	2007	2008	2009	2010	2011	2012
Total	**44 777.26**	**57 205.62**	**75 025.55**	**117 910.50**	**183 970.71**	**245 755.38**	**317 210.59**	**424 780.67**	**531 940.58**
Asia	**33 479.55**	**40 954.31**	**47 978.04**	**79 217.93**	**131 316.99**	**185 547.20**	**228 145.97**	**303 434.70**	**364 407.06**
Afghanistan	0.45	0.45	0.67	0.77	114.69	181.32	168.59	465.13	482.74
Bahrian	0.15	1.99	0.27	0.75	0.87	0.87	0.87	1.02	6.80
Bangladesh	8.66	32.96	39.66	43.30	48.14	60.30	67.58	76.68	117.25
Brunei*	0.13	1.90	1.90	4.38	6.51	17.37	45.66	66.13	66.35
Cambodia	89.89	76.84	103.66	168.11	390.66	633.26	1 129.77	1 757.44	2 317.68
Cyprus	--	1.06	1.06	1.36	1.36	1.36	1.36	90.90	94.95
Hong Kong	30 392.89	36 507.08	42 269.91	68 781.32	115 845.28	164 498.94	199 055.57	261 518.52	306 372.45
India	4.55	14.62	25.83	120.14	222.02	221.27	479.80	657.38	1 169.10
Indonesia	121.75	140.93	225.51	679.48	543.33	799.06	1 150.44	1 687.91	3 098.04
Iran	46.68	56.08	110.59	122.35	94.27	217.80	715.16	1 351.56	2 070.46
Iraq	434.87	434.87	436.18	22.45	20.79	22.58	483.45	605.91	754.32
Israel	0.32	6.32	8.65	10.87	9.87	11.37	21.87	23.88	38.46
Japan	139.49	150.70	223.98	558.27	509.69	692.86	1 105.63	1 366.22	1 619.91
Jordan	5.92	17.47	11.06	11.95	10.32	10.54	12.63	12.81	22.54
Kazakhstan	24.78	245.24	276.24	609.93	1 402.30	1 516.21	1 590.54	2 858.45	6 251.39
Korea, Rep.*	561.92	882.22	949.24	1 214.14	850.34	1 217.80	637.25	1 582.68	3 081.90
Korea,DPR	21.74	31.04	45.55	67.13	118.63	261.52	240.10	312.61	422.36
Kuwait	2.53	1.23	6.31	0.51	2.96	5.88	50.87	92.86	82.84
Kyrgyzstan*	19.26	45.06	124.76	139.75	146.81	283.72	394.32	525.05	662.19
Lao PDR*	15.42	32.87	96.07	302.22	305.19	535.67	845.75	1 276.20	1 927.84
Lebanon	0.02	0.17	0.44	0.44	0.44	1.57	2.01	2.01	3.01
Macau	624.83	598.70	612.47	910.67	1 560.78	1 837.23	2 229.29	2 675.89	2 929.27
Malaysia*	123.24	186.83	196.96	274.63	361.20	479.89	708.80	797.62	1 026.13
Mongolia	75.95	130.63	314.67	592.17	895.56	1 241.66	1 435.52	1 886.62	2 954.03
Myanmar	20.18	23.59	163.12	261.77	499.71	929.88	1 946.75	2 181.52	3 093.72
Nepal, FDR	3.32	2.99	3.59	8.66	8.67	14.13	15.94	24.80	33.58
Oman	0.01	6.53	33.87	37.17	14.22	7.97	21.11	29.38	33.35
Pakistan*	36.45	188.81	148.24	1 068.19	1 327.99	1 458.09	1 828.01	2 162.99	2 233.61
Palestine	0.61	--	--	--	--	--	--	--	0.02
Philippines	9.80	19.35	21.85	43.04	86.73	142.59	387.34	494.27	593.14
Qatar	2.70	2.70	8.48	39.79	49.79	36.28	77.05	130.18	220.66
Saudi Arabia*	2.09	58.45	272.84	404.03	620.68	710.89	760.56	883.14	1 205.86
Singapore	233.09	325.48	468.01	1 443.93	3 334.77	4 857.32	6 069.10	10 602.69	12 383.33
Sri Lanka	6.79	15.43	8.46	7.74	16.78	15.81	72.74	162.58	178.58
Syrian Arab Republic*	0.33	3.76	16.81	5.55	4.38	8.49	16.61	14.83	14.46

Table 2 Continued 1

(Millions of Dollars)

Country/Region	2004	2005	2006	2007	2008	2009	2010	2011	2012
Taiwan, Prov.of China*	--	--	0.20	0.15	0.09	0.13	18.19	29.35	135.32
Tajikistan	21.54	22.79	30.28	98.99	227.17	162.79	191.63	216.74	476.12
Thailand*	181.88	219.18	232.67	378.62	437.16	447.88	1 080.00	1 307.26	2 126.93
Timor-Leste	0.10	0.10	0.45	0.45	0.45	7.45	7.45	7.45	7.45
Turkey*	2.89	4.23	10.38	11.99	22.36	386.17	403.63	406.48	502.51
Turkmenistan	0.20	0.20	0.16	1.42	88.13	207.97	658.48	276.48	287.77
United Arab Emirates	46.56	144.53	144.63	234.31	375.99	440.29	764.29	1 174.50	1 336.78
Uzbekistan	4.23	11.98	14.97	30.82	77.64	85.22	83.00	156.47	146.18
Viet Nam	160.32	229.18	253.63	396.99	521.73	728.50	986.60	1 290.66	1 604.38
Yemen	31.02	77.77	63.76	107.23	140.54	149.30	184.66	191.45	221.30
Africa	**899.55**	**1 595.25**	**2 556.82**	**4 461.83**	**7 803.83**	**9 332.27**	**13 042.12**	**16 244.32**	**21 729.71**
Algeria	34.49	171.21	247.37	393.89	508.82	751.26	937.26	1 059.45	1 305.33
Angola*	0.47	8.79	37.23	78.46	68.89	195.54	351.77	400.59	1 245.10
Benin	20.51	19.00	22.12	35.60	53.15	54.01	39.33	40.03	47.60
Botswana	3.80	18.12	25.52	43.39	65.26	119.25	178.52	200.38	220.15
Burundi	0.02	--	1.65	1.65	1.65	4.64	6.51	7.20	8.70
Cameroon	6.98	7.87	16.46	18.51	20.34	25.05	59.61	61.54	79.50
Cape Verde	0.01	0.60	1.65	4.65	5.13	5.04	4.58	4.58	11.60
Central African Republic.	--	2.00	3.98	3.98	3.98	16.71	46.54	51.02	51.02
Chad	--	2.71	12.78	13.53	25.36	76.57	80.00	108.12	194.12
Comoros	0.01	0.01	4.05	4.05	4.05	4.05	4.04	4.04	4.54
Congo*	5.65	13.32	62.90	65.40	75.42	115.17	135.88	142.40	504.90
Congo,DR*	15.69	25.11	37.61	104.40	134.14	397.43	630.92	709.26	970.49
Cote d'lvoire	14.10	29.11	25.04	28.18	21.16	37.65	32.99	34.67	40.04
Djibouti	0.40	0.40	0.60	1.60	1.60	7.03	12.47	18.13	17.99
Egypt*	14.28	39.80	100.43	131.60	131.35	285.07	336.72	403.17	459.19
Equatorial Guinea*	10.21	16.56	30.44	44.63	40.62	61.50	86.25	98.68	404.64
Eritrea*	0.12	0.12	6.63	7.22	6.73	9.60	12.54	14.31	103.78
Ethiopia	7.87	29.82	95.60	108.88	126.45	283.44	368.06	426.79	606.55
Gabon*	31.27	35.36	51.28	55.59	88.14	100.05	125.34	127.10	128.47
Gambia	0.20	1.19	1.19	1.19	1.19	1.19	1.19	1.19	1.19
Ghana	6.31	7.33	8.09	41.87	58.02	185.04	202.00	270.15	505.27
Guinea	25.77	44.22	54.63	69.97	96.37	129.32	136.41	168.43	234.67
Guinea-Bissau	--	--	--	--	--	27.00	27.00	27.00	27.00
Kenya	28.46	58.25	46.23	55.13	78.36	120.36	221.58	308.83	402.73
Lesotho	0.03	0.60	7.60	7.60	8.22	8.32	8.88	8.91	9.13
Liberia	6.38	15.95	29.51	29.78	37.36	56.39	81.67	114.74	154.37
Libyan Arab Jamahiriya	0.87	33.06	28.57	70.83	81.58	42.69	32.19	67.78	65.19
Madagascar	40.63	49.94	54.34	76.01	146.52	196.22	229.87	253.63	274.55

Table 2 Continued 2

(Millions of Dollars)

Country/Region	2004	2005	2006	2007	2008	2009	2010	2011	2012
Malawi	0.72	0.73	0.96	1.16	6.59	14.54	32.40	30.07	49.30
Mali	13.16	13.28	19.83	32.22	30.95	44.72	47.77	160.06	211.43
Mauritania	2.13	2.40	20.12	15.14	24.76	31.29	45.88	74.71	106.15
Mauritius	12.63	26.81	51.16	115.90	230.07	242.84	283.29	605.94	700.80
Morocco	9.06	20.59	27.01	29.65	28.06	48.78	55.85	89.48	95.22
Mozambique	5.60	14.68	14.68	34.24	43.00	74.96	75.24	98.07	336.91
Namibia	2.21	2.36	6.43	7.24	19.95	46.18	47.11	60.21	94.53
Niger*	14.03	20.44	32.99	134.53	136.50	184.20	379.36	429.57	125.33
Nigeria*	75.61	94.11	215.94	630.32	795.91	1 025.96	1 210.85	1 415.61	1 949.87
Republic of South Sudan	--	--	--	--	--	--	--	0.05	10.90
Rwanda	3.30	4.72	7.71	7.30	20.18	28.80	41.63	58.52	63.54
Sao Tome and Principe	--	--	--	--	--	--	0.31	0.31	0.38
Senegal*	2.58	2.35	4.15	4.39	10.61	26.07	45.03	45.20	102.22
Seychelles	0.42	4.19	6.46	6.55	6.60	7.00	19.36	23.80	77.19
Sierra Leone*	5.74	18.45	14.89	32.28	43.70	51.23	41.48	52.23	57.71
South Africa	58.87	112.28	167.62	702.37	3 048.62	2 306.86	4 152.98	4 059.73	4 775.07
Sudan*	171.61	351.53	497.13	574.85	528.25	563.89	613.36	1 525.64	1 236.60
Tanzania	53.80	62.02	111.93	110.92	190.22	281.79	307.51	407.07	540.80
Togo	6.24	4.78	11.72	14.42	23.12	33.02	58.11	67.15	98.38
Tunisia	1.28	2.15	3.91	3.57	3.57	2.27	2.53	6.29	5.69
Uganda	0.23	4.97	14.67	18.68	11.98	58.56	113.68	126.21	141.10
Zambia	147.75	160.31	267.86	429.36	651.33	843.97	943.73	1 199.84	1 998.11
Zimbabwe	38.06	41.63	46.15	59.15	60.01	99.75	134.54	576.44	874.67
Europe	**676.65**	**1 272.93**	**2 269.82**	**4 458.54**	**5 133.96**	**8 676.78**	**15 710.31**	**24 450.03**	**36 975.12**
Albania	--	0.50	0.51	0.51	0.51	4.35	4.43	4.43	4.43
Armenia	--	1.25	1.25	1.25	1.25	1.32	1.32	1.32	1.32
Austria	0.70	0.07	0.32	4.04	4.04	1.55	2.01	24.54	79.46
Azerbai jan	3.71	2.65	10.92	10.19	9.53	12.00	12.38	30.06	31.68
Belarus*	--	0.29	0.29	0.29	2.39	4.49	23.71	29.07	77.47
Belgium	1.64	2.34	2.67	33.98	33.30	56.91	101.01	140.50	230.69
Bosnia and Hercegovina	4.01	3.51	3.51	3.51	3.51	5.92	5.98	6.01	6.07
Bulgaria	1.46	2.99	4.74	4.74	4.74	2.31	18.60	72.56	126.74
Croatia	--	0.75	0.75	7.84	7.84	8.10	8.13	8.18	8.63
Czech Republic*	1.11	1.38	14.67	19.64	32.43	49.34	52.33	66.83	202.45
Denmark	67.20	96.59	36.48	36.75	38.08	40.79	42.47	49.13	53.24
Estonia*	--	1.26	1.26	1.26	1.26	7.50	7.50	7.50	3.50
Finland	--	0.90	0.93	0.94	3.59	9.04	27.25	31.00	34.03
France	21.68	33.82	44.88	126.81	167.13	221.03	243.62	3 723.89	3 950.77

Table 2 Continued 3

(Millions of Dollars)

Country/Region	2004	2005	2006	2007	2008	2009	2010	2011	2012
Georgia	4.84	22.15	32.09	42.93	65.86	75.33	130.17	109.35	178.08
Germany*	129.21	268.35	472.03	845.41	845.50	1 082.24	1 502.29	2 401.44	3 104.35
Greece	0.35	0.35	0.35	0.38	1.68	1.68	4.23	4.63	5.98
Hungary	5.42	2.81	53.65	78.17	88.75	97.41	465.70	475.35	507.41
Iceland	--	1.10	0.05	0.05	0.05	0.05	--	--	--
Ireland	0.04	0.04	25.30	29.23	107.77	106.82	139.91	156.83	193.77
Italy	20.84	21.60	74.41	127.13	133.60	191.68	223.80	449.09	573.93
Latvia	1.61	1.61	2.31	0.57	0.57	0.54	0.54	0.54	0.54
Liechtenstein	--	--	--	0.28	0.28	0.36	3.91	3.91	3.91
Lithuania	--	3.93	3.93	3.93	3.93	3.93	3.93	3.93	6.97
Luxembourg	--	--	--	67.02	122.83	2 484.38	5 786.75	7 081.97	8 977.89
Macedonia,FYR	--	0.20	0.20	0.20	0.20	0.20	0.20	0.20	0.26
Malta	0.37	1.37	1.97	1.87	4.81	5.03	2.66	3.37	3.37
Moldova	--	0.78	0.78	0.78	0.78	0.78	0.78	0.78	2.11
Montenegro	--	--	--	0.32	0.32	0.32	0.32	0.32	0.32
Netherlands	8.97	14.95	20.43	138.76	234.42	335.87	486.71	664.68	1 107.92
Norway	--	--	0.16	3.75	3.85	12.95	147.76	166.59	188.13
Poland	2.87	12.39	87.18	98.93	109.93	120.30	140.31	201.26	208.11
Portugal	0.20	--	0.20	1.71	1.71	5.02	21.37	33.13	40.38
Romania	31.10	39.43	65.63	72.88	85.66	93.34	124.95	125.83	161.09
Russian Federation	123.48	465.57	929.76	1 421.51	1 838.28	2 220.37	2 787.56	3 763.64	4 888.49
Serbia*	--	--	--	2.00	2.00	2.68	4.84	5.05	6.47
Serbia and Montenegro	--	2.00	2.00	--	--	--	--	--	--
Slovakia*	0.10	0.10	0.10	5.10	5.10	9.36	9.82	25.78	86.01
Slovenia	--	0.12	1.40	1.40	1.40	5.00	5.00	5.00	5.00
Spain	127.67	130.12	136.72	142.85	145.01	205.23	247.76	389.31	437.25
Sweden	6.44	22.46	20.02	146.93	157.59	111.89	1 479.12	1 531.22	2 408.17
Switzerland	1.86	2.45	7.58	8.88	8.91	30.30	58.54	91.94	101.32
Ukraine	1.31	2.78	6.54	13.51	15.92	20.79	22.29	29.29	33.14
United Kingdom*	108.46	107.97	201.87	950.31	837.66	1 028.28	1 358.35	2 530.58	8 934.27
Latin America	**8 268.37**	**11 469.61**	**19 694.37**	**24 700.91**	**32 240.15**	**30 595.48**	**43 875.64**	**55 171.75**	**68 211.63**
Antigua & Barbuda	0.20	0.40	1.25	1.25	1.25	1.25	1.25	4.84	5.44
Argentina	19.27	4.22	11.34	157.19	173.36	169.05	218.99	405.25	897.19
Bahamas*	80.10	14.69	17.52	56.51	0.60	1.60	1.60	1.60	0.60
Barbados	1.87	1.65	2.01	2.42	3.25	6.00	3.88	3.13	3.95
Belize	--	--	0.02	0.02	0.08	0.08	--	--	--
Bolivia*	--	0.08	21.06	23.03	28.62	55.65	64.85	66.32	156.19
Brazil*	79.22	81.39	130.41	189.55	217.05	360.89	923.65	1 071.79	1 449.51
Cayman Islands	6 659.91	8 935.59	14 209.19	16 810.68	20 327.45	13 577.07	17 256.27	21 692.32	30 072.00

Table 2 Continued 4

(Millions of Dollars)

Country/Region	2004	2005	2006	2007	2008	2009	2010	2011	2012
Chile	1.48	3.71	10.84	56.80	58.09	66.02	109.58	97.94	126.28
Colombia*	6.72	7.36	5.70	6.77	13.71	20.50	22.97	59.80	346.15
Costa Rica	--	--	--	--	--	2.00	2.08	2.09	2.09
Cuba*	14.85	33.59	59.91	66.49	72.05	85.32	68.98	146.37	135.69
Dominica*	--	--	0.70	0.70	0.70	0.70	4.15	8.15	8.15
Dominican Republic	--	--	--	--	0.06	0.12	0.12	0.12	1.12
Ecuador	2.19	18.12	39.04	49.18	88.60	106.60	129.58	95.24	407.63
Grenada	--	--	4.03	7.53	7.65	7.65	14.52	14.54	14.54
Guyana*	12.86	5.60	8.60	68.60	69.50	149.61	183.17	135.13	151.88
Honduras	5.61	5.28	5.28	0.90	--	--	--	--	--
Jamaica	--	--	0.02	0.02	2.16	2.16	4.37	39.07	74.93
Mexico	125.29	141.86	128.61	151.44	173.08	173.90	152.87	263.88	368.48
Panama*	0.41	34.77	36.92	55.31	67.38	81.09	236.58	330.78	196.62
Paraguay	--	--	--	--	4.78	11.25	39.07	44.65	46.06
Peru	125.82	129.22	130.40	137.11	194.34	284.54	654.49	802.24	752.87
St.Vincent and Grenadines	5.60	12.27	14.92	20.80	32.49	23.03	36.19	36.20	36.20
Suriname	10.25	13.02	32.21	65.28	67.70	68.80	78.84	78.84	45.61
Trinidad and Tobago	--	--	0.80	0.80	0.80	0.80	0.80	0.90	1.09
Uruguay	0.55	0.56	1.63	2.11	2.11	7.15	7.51	8.15	17.65
Venezuela	26.78	42.65	71.58	143.88	155.96	271.96	416.52	501.00	2 042.76
Virgin Islands, British	1 089.38	1 983.58	4 750.40	6 626.54	10 477.33	15 060.69	23 242.76	29 261.41	30 850.95
North America	**909.21**	**1 263.23**	**1 587.02**	**3 240.89**	**3 659.78**	**5 184.70**	**7 829.26**	**13 472.43**	**25 502.99**
Canada	58.79	103.29	140.72	1 254.52	1 268.43	1 670.34	2 602.60	3 727.56	5 050.72
United States	665.20	822.68	1 237.87	1 880.53	2 389.90	3 338.42	4 873.99	8 993.03	17 079.77
Bermuda Islands*	185.22	337.26	208.43	105.84	1.45	175.94	352.67	751.84	3 372.50
Oceania	**543.94**	**650.29**	**939.48**	**1 830.40**	**3 816.00**	**6 418.95**	**8 607.29**	**12 007.44**	**15 114.07**
Australia	494.58	587.46	794.35	1 444.01	3 355.29	5 863.10	7 867.75	11 041.25	13 873.05
Cook Islands	--	--	--	--	--	--	--	--	0.12
Fiji	1.77	9.55	18.67	22.42	30.60	33.00	39.43	61.07	170.91
Marshall Islands*	--	--	2.00	36.16	44.16	80.86	73.52	107.37	116.87
Micronesia, Fs	0.34	0.50	1.16	7.41	7.25	7.25	7.25	4.36	7.77
New Zealand*	33.22	35.18	51.27	51.17	69.65	93.85	159.11	185.46	273.85
Palau	0.10	--	--	0.50	8.50	8.52	9.02	9.59	9.59
Papua New Guinea*	3.31	8.43	61.30	258.11	289.93	315.11	323.26	341.52	365.48
Samoa*	0.90	0.90	0.90	0.78	0.78	2.40	101.33	229.79	266.01
Solomon Islands	--	--	--	--	--	--	--	--	--
Tonga	3.03	5.54	7.11	7.11	7.11	7.11	7.11	7.11	7.11
Vanuatu	0.03	2.73	2.73	2.73	2.73	7.75	12.84	19.92	23.31
Oth. Ocean. nes	6.67	--	--	--	--	--	6.67	--	--

Note:1."*" The Stock for 2012 are recomputed after adustment of historical Data.
2.Data for 2004-2006 include only non-financial outward FDI Stock.

Table 3 Distribution of China's Outward FDI Flows by Industry, 2004-2012

(Millions of Dollars)

Industry	2004	2005	2006	2007	2008	2009	2010	2011	2012
A Agriculture, Forestry, Animal Husbandry and Fishery	288.66	105.36	185.04	271.71	171.83	342.79	533.98	797.75	1 461.38
B Mining	1 800.21	1 675.22	8 539.51	4 062.77	5 823.51	13 343.09	5 714.86	14 445.95	13 543.80
C Manufacturing	755.55	2 280.40	906.61	2 126.50	1 766.03	2 240.97	4 664.17	7 041.18	8 667.41
D Production and Supply of Electricity Gas and Water	78.49	7.66	118.74	151.38	1 313.49	468.07	1 006.43	1 875.43	1 935.34
E Construction	47.95	81.86	33.23	329.43	732.99	360.22	1 628.26	1 648.17	3 245.36
F Wholesale and Retail Trade	799.69	2 260.12	1 113.91	6 604.18	6 514.13	6 135.75	6 728.78	10 324.12	13 048.54
G Transport, Storage and Post	828.66	576.79	1 376.39	4 065.48	2 655.74	2 067.52	5 655.45	2 563.92	2 988.14
H Lodging and Catering Services	2.03	7.58	2.51	9.55	29.50	74.87	218.20	116.93	136.63
I Information Transmission, Computer Services and Software	30.50	14.79	48.02	303.84	298.75	278.13	506.12	776.46	1 240.14
J Finance	--	--	3 529.99	1 667.80	14 048.00	8 733.74	8 627.39	6 070.50	10 070.84
K Real Estate	8.51	115.63	383.76	908.52	339.01	938.14	1 613.08	1 974.42	2 018.13
L Leasing and Business Service	749.31	4 941.59	4 521.66	5 607.34	21 717.23	20 473.78	30 280.70	25 597.26	26 740.80
M Scientific Research and Technical Service	18.06	129.42	281.61	303.90	166.81	775.73	1 018.86	706.58	1 478.50
N Management Of Water Conservancy, Environment and Public Facilities	1.20	0.13	8.25	2.71	141.45	4.34	71.98	255.29	33.57
O Residents Service, Repair and Other Service	88.14	62.79	111.51	76.21	165.36	267.73	321.05	328.63	890.40
P Education	--	--	2.28	8.92	1.54	2.45	2.00	20.08	102.83
Q Health, Social Works	0.01	--	0.18	0.75		1.91	33.52	6.39	5.38
R Culture, Sports and Entertainment	0.98	0.12	0.76	5.10	21.80	19.76	186.48	104.98	196.34
S Public Management, Social Security and Social Organizations	0.04	1.71	--	--	--	--	--	--	--
Total	**5 497.99**	**12 261.17**	**21 163.96**	**26 506.09**	**55 907.17**	**56 528.99**	**68 811.31**	**74 654.04**	**87 803.53**

Table 4 Distribution of China's Outward FDI Stock by Industry, 2004-2012

(Millions of Dollars)

Industry	2004	2005	2006	2007	2008	2009	2010	2011	2012
A Agriculture, Forestry, Animal Husbandry and Fishery	834.23	511.62	816.70	1 206.05	1 467.62	2 028.44	2 612.08	3 416.64	4 964.43
B Mining	5 951.37	8 651.61	17 901.62	15 013.81	22 868.40	40 579.69	44 660.64	66 995.37	74 784.20
C Manufacturing	4 538.07	5 770.28	7 529.62	9 544.25	9 661.88	13 591.55	17 801.66	26 964.43	34 140.07
D Production and Supply of Electricity, Gas and Water	219.67	287.31	445.54	595.39	1 846.76	2 255.61	3 410.68	7 140.56	8 992.10
E Construction	817.48	1 203.99	1 570.32	1 634.34	2 680.70	3 413.22	6 173.28	8 051.10	12 856.04
F Wholesale and Retail Trade	7 843.27	11 417.91	12 955.20	20 232.88	29 858.66	35 694.99	42 006.45	49 093.63	68 211.88
G Transport, Storage and Post	4 580.55	7 082.97	7 568.19	12 059.04	14 520.02	16 631.33	23 187.80	25 261.31	29 226.53
H Lodging and Catering Services	20.81	46.40	61.18	120.67	136.69	243.29	449.86	603.86	763.27
I Information Transmission, Computer Services and Software	1 192.37	1 323.50	1 449.88	1 900.89	1 666.96	1 967.24	8 406.24	9 553.24	4 819.71
J Finance	--	--	15 605.37	16 719.91	36 693.88	45 994.03	55 253.21	67 393.29	96 453.37
K Real Estate	202.51	1 495.20	2 018.58	4 513.86	4 098.14	5 343.43	7 266.42	8 986.16	9 581.41
L Leasing and Business Service	16 428.24	16 553.60	19 463.60	30 515.03	54 583.03	72 949.00	97 246.05	142 290.02	175 697.95
M Scientific Research and Technical Service	123.98	604.31	1 121.29	1 521.03	1 981.89	2 874.13	3 967.12	4 388.38	6 792.76
N Management Of Water Conservancy, Environment and Public Facilities	911.09	910.02	918.39	921.21	1 062.89	1 065.08	1 133.43	2 401.96	70.56
O Residents Service, Repair and Other Service	1 093.14	1 323.38	1 174.20	1 298.85	714.68	961.37	3 229.74	1 615.58	3 581.24
P Education	--	--	2.28	17.40	17.49	21.23	23.94	66.57	164.79
Q Health, Social Works	0.22	0.11	2.81	3.69	3.69	6.10	36.16	17.15	46.76
R Culture, Sports and Entertainment	5.92	5.38	26.14	92.20	107.33	135.65	345.83	541.42	793.51
S Public Management, Social Security and Social Organizations	14.34	18.03	--	--	--	--	--	--	--
Total	**44 777.26**	**57 205.62**	**90 630.91**	**117 910.50**	**183 970.71**	**245 755.38**	**317 210.59**	**424 780.67**	**531 940.58**

Table 5 China's Outward FDI Flows by Province, 2004-2012(Non-Financial Part)

(Millions of Dollars)

Province/Region	2004	2005	2006	2007	2008	2009	2010	2011	2012
Central Co, total	**4 525.17**	**10 203.69**	**15 236.92**	**19 584.88**	**35 982.84**	**38 192.75**	**42 436.98**	**45 023.14**	**43 526.93**
Provincial total	**972.82**	**2 057.48**	**2 397.05**	**5 253.41**	**5 876.33**	**9 602.50**	**17 745.42**	**23 560.36**	**34 205.76**
Beijing	157.39	113.06	56.12	152.95	472.99	451.85	766.14	1 175.03	1 688.55
Tianjin	17.54	18.87	28.08	79.93	82.00	209.92	341.32	407.06	674.95
Hebei	12.86	85.38	48.80	53.94	53.63	219.93	532.37	463.63	578.09
Shanxi	4.11	5.62	18.49	83.47	27.02	332.95	79.26	183.19	309.66
Inner Mongolia	6.67	21.81	25.22	42.35	61.90	155.47	80.42	128.25	518.45
Liaoning	41.41	30.19	97.01	128.33	106.00	757.86	1 935.66	1 143.84	2 762.60
Dalian	35.54	11.44	67.48	65.42	44.27	463.84	1 632.29	745.91	2 030.87
Jilin	28.87	10.83	29.48	83.22	106.73	298.14	213.40	204.93	296.41
Heilongjiang	56.45	166.43	217.96	178.51	227.97	121.31	237.80	238.34	724.05
Shanghai	205.64	666.80	448.63	522.66	337.14	1 208.69	1 584.68	1 838.02	3 316.18
Jiangsu	57.33	108.28	124.03	518.99	493.84	850.61	1 371.19	2 253.83	3 130.50
Zhejiang	72.25	158.17	215.28	403.46	387.68	702.26	2 679.15	1 852.87	2 360.23
Ningbo	24.81	32.85	36.74	52.53	225.15	210.97	394.60	755.73	638.39
Anhui	6.14	19.02	34.12	50.79	60.51	57.82	813.65	530.89	710.43
Fujian	15.91	42.53	95.84	368.47	161.69	365.82	534.95	530.28	857.05
Xiamen	7.95	6.23	0.90	190.99	41.59	123.89	228.81	152.76	234.00
Jiangxi	0.93	6.54	0.48	15.36	25.87	22.65	94.70	188.33	373.16
Shandong	75.23	159.04	126.66	189.28	474.78	704.41	1 890.01	2 473.39	3 456.21
Qingdao	0.18	8.64	22.37	48.98	15.47	104.72	461.97	234.66	919.85
Henan	4.69	85.38	7.63	70.36	131.28	120.75	118.64	282.51	341.17
Hubei	1.31	4.85	2.86	9.03	3.50	41.16	80.61	709.03	496.87
Hunan	2.96	30.67	59.21	140.88	254.46	1 005.68	274.77	1 176.28	994.99
Guangdong	138.93	207.08	629.97	1 141.01	1 242.51	922.98	1 599.77	3 633.50	5 288.21
Shenzhen	150.63	92.00	452.88	924.33	763.75	414.47	608.78	1 133.06	3 368.33
Guangxi	4.50	3.21	3.90	26.20	38.44	81.69	186.82	167.14	272.40
Hainan	--	0.06	3.43	1.22	0.82	60.72	221.79	1 219.99	320.12
Chongqing	9.85	5.90	16.91	87.13	104.48	47.47	361.09	401.25	529.60
Sichuan	5.06	26.66	28.31	291.20	81.07	107.40	690.97	563.41	595.09
Guizhou	--	--	--	0.51	0.25	5.22	2.89	20.33	20.25
Yunnan	4.91	20.72	29.07	136.41	284.67	270.08	513.39	248.45	1 040.46
Xizang	--	--	--	--	--	--	0.29	2.16	0.02
Shaanxi	2.34	3.02	1.15	20.58	140.63	224.62	260.55	448.16	607.84
Gansu	3.17	37.70	20.87	153.64	358.08	18.52	101.76	649.17	1 382.09
Qinghai	--	1.00	0.80	1.10	2.02	2.09	1.38	1.73	12.80
Ningxia	1.37	1.09	18.18	5.69	5.02	15.09	7.11	12.95	64.21
Xinjiang	2.16	8.61	1.72	85.35	69.34	180.57	47.76	314.74	431.23
Xinjiang P&C Group	32.84	8.96	6.84	211.39	79.99	38.77	121.11	97.68	51.89
Total	**5 497.99**	**12 261.17**	**17 633.97**	**24 838.29**	**41 859.17**	**47 795.25**	**60 182.40**	**68 583.50**	**77 732.69**

Table 6 China's Outward FDI Stock by Province, 2004-2012(Non-Financial Part)

(Millions of Dollars)

Province/Region	2004	2005	2006	2007	2008	2009	2010	2011	2012
Central Co, total	**38 287.55**	**47 875.44**	**61 628.23**	**79 443.76**	**119 740.85**	**160 143.26**	**201 787.90**	**272 460.46**	**311 424.14**
Provincial total	**6 489.71**	**9 330.18**	**13 397.32**	**21 746.84**	**27 535.98**	**39 618.09**	**60 169.48**	**84 926.97**	**124 063.07**
Beijing	700.86	929.40	918.73	1 591.95	2 510.19	3 758.65	4 808.82	6 033.80	7 577.92
Tianjin	21.49	60.78	159.00	252.00	321.61	581.16	967.29	1 386.78	2 115.13
Hebei	171.53	261.54	327.70	382.48	524.15	886.92	1 377.24	1 954.70	2 387.10
Shanxi	53.12	88.69	187.02	272.00	181.59	533.39	636.54	830.21	1 060.47
Inner Mongolia	14.30	41.16	88.75	139.84	204.05	401.00	470.55	565.17	1 222.60
Liaoning	77.15	82.21	279.70	443.95	605.54	1 492.30	3 406.96	4 356.98	6 952.81
Dalian	52.52	43.43	163.44	255.39	348.88	830.94	2 475.20	2 969.03	4 803.16
Jilin	66.94	79.45	107.84	215.54	379.29	707.67	899.58	1 115.48	1 453.96
Heilongjiang	130.57	326.72	601.71	711.44	993.53	1 062.35	1 280.44	1 727.92	2 529.93
Shanghai	1 450.42	1 840.81	2 612.73	3 025.38	2 186.11	3 589.37	6 094.33	6 374.73	13 951.06
Jiangsu	273.69	390.98	588.71	1 164.99	1 726.77	2 498.72	3 888.14	5 701.94	7 831.85
Zhejiang	194.56	407.08	702.68	1 162.59	1 547.16	2 959.23	5 845.28	7 189.13	8 548.64
Ningbo	64.52	102.83	148.34	235.10	460.39	650.48	1 064.30	1 875.24	2 120.67
Anhui	22.37	41.83	100.62	153.51	203.79	275.94	1 108.42	1 654.08	2 371.20
Fujian	192.12	208.73	523.71	916.08	1 132.31	1 588.00	1 967.73	2 447.54	3 237.01
Xiamen	42.32	13.60	54.17	212.42	316.66	388.13	604.43	805.57	995.78
Jiangxi	6.08	8.81	20.22	54.78	91.26	129.05	221.36	397.51	789.34
Shandong	487.80	676.73	1 103.40	1 613.60	2 080.25	2 622.55	4 958.23	8 626.20	11 970.09
Qingdao	157.52	197.52	390.67	693.25	596.36	464.87	1 237.74	1 490.36	2 453.39
Henan	56.40	176.24	86.66	217.03	330.01	576.55	706.89	974.60	1 441.88
Hubei	15.10	22.92	40.31	49.72	56.00	99.92	177.94	883.51	1 375.79
Hunan	7.21	34.81	103.29	293.44	674.27	2 047.82	2 716.26	3 295.77	4 133.31
Guangdong	2 248.85	3 180.40	4 173.18	7 243.11	8 685.14	9 545.23	11 629.51	17 981.11	25 176.17
Shenzhen	357.06	1 128.04	2 123.50	4 002.71	4 806.19	4 739.86	6 152.87	8 329.18	13 201.98
Guangxi	16.19	52.69	44.34	96.29	137.80	301.11	525.05	687.01	866.88
Hainan	11.64	11.70	13.83	43.42	44.23	112.60	335.66	1 652.62	3 328.20
Chongqing	120.33	63.00	74.19	160.71	276.74	303.23	655.65	1 105.72	1 709.51
Sichuan	28.91	87.40	143.39	443.22	397.58	535.24	1 253.52	1 924.78	2 245.73
Guizhou	1.94	3.94	1.94	4.45	18.66	22.29	20.35	49.52	87.46
Yunnan	16.92	53.14	103.29	261.13	569.96	947.84	1 555.04	1 829.14	2 958.05
Xizang	1.60	1.60	1.60	1.00	1.52	1.52	1.80	3.77	10.33
Shaanxi	8.59	13.65	28.64	56.67	192.99	415.18	697.86	1 138.06	1 793.87
Gansu	20.24	59.76	81.75	245.50	592.91	610.85	711.58	1 339.50	2 685.62
Qinghai	1.02	2.03	2.83	3.40	4.92	7.51	8.90	13.04	31.49
Ningxia	1.49	11.79	29.34	26.45	37.29	39.79	46.72	59.56	119.34
Xinjiang	18.11	43.01	89.94	142.12	384.19	516.01	689.83	1 033.90	1 454.44
Xinjiang P&C Group	52.17	67.18	56.28	359.05	444.16	449.10	505.98	593.19	645.89
Total	**44 777.26**	**57 205.62**	**75 025.55**	**101 190.60**	**147 276.83**	**199 761.35**	**261 957.38**	**357 387.43**	**435 487.21**

Table 7 China's Outward FDI Flows into EU Countries, 2005-2012

(Millions of Dollars)

Country/Region	2005	2006	2007	2008	2009	2010	2011	2012
Austria	--	0.04	0.08	--	--	0.46	20.22	53.43
Belgium	--	0.13	4.91	--	23.62	45.33	35.90	98.40
Bulgaria	1.72	--	--	--	-2.43	16.29	53.90	54.17
Cyprus	--	--	0.30	--	--	--	89.54	3.48
Czech Republic	--	9.10	4.97	12.79	15.60	2.11	8.84	18.02
Denmark	10.79	-58.91	0.27	1.33	2.64	1.61	5.89	5.14
Estonia	--	--	--	--	--	--	--	--
Finland	--	--	0.01	2.66	1.11	18.04	1.56	1.36
France	6.09	5.60	9.62	31.05	45.19	26.41	3 482.32	153.93
Germany	128.74	76.72	238.66	183.41	179.21	412.35	512.38	799.33
Greece	--	--	0.03	0.12	--	--	0.43	0.88
Hungary	0.65	0.37	8.63	2.15	8.21	370.10	11.61	41.40
Ireland		25.29	0.20	42.33	-0.95	32.88	16.93	48.88
Italy	7.46	7.63	8.10	5.00	46.05	13.27	224.83	118.58
Latvia	--	--	-1.74	--	-0.03	--	--	--
Lithuania	--	--	--	--	--	--	--	1.00
Luxembourg	--	--	4.19	42.13	2 270.49	3 207.19	1 265.00	1 133.01
Malta	--	0.10	-0.10	0.47	0.22	-2.37	0.27	--
Netherlands	3.84	5.31	106.75	91.97	101.45	64.53	167.86	442.45
Poland	0.13	--	11.75	10.70	10.37	16.74	48.66	7.50
Portugal	--	--	--	--	--	--	--	5.15
Romania	2.87	9.63	6.80	11.98	5.29	10.84	0.30	25.41
Slovakia	--	--	--	--	0.26	0.46	5.94	2.19
Slovenia	--	--	--	--	--	--	--	--
Spain	1.47	7.30	6.09	1.16	59.86	29.26	139.74	46.24
Sweden	1.00	5.30	68.06	10.66	8.10	1 367.23	49.01	285.22
United Kingdom	24.78	35.12	566.54	16.71	192.17	330.33	1 419.70	2 774.73
Tatal	**189.54**	**128.73**	**1 044.12**	**466.62**	**2 966.43**	**5 963.06**	**7 560.83**	**6 119.90**

Note:Data for 2005 and 2006 include only non-financial outward FDI flows.

Table 8 China's Outward FDI Stock into EU Countries, 2005-2012

(Millions of Dollars)

Country/Region	2005	2006	2007	2008	2009	2010	2011	2012
Austria	0.07	0.32	4.04	4.04	1.55	2.01	24.54	79.46
Belgium	2.34	2.67	33.98	33.30	56.91	101.01	140.50	230.69
Bulgaria	2.99	4.74	4.74	4.74	2.31	18.60	72.56	126.74
Cyprus	1.06	1.06	1.36	1.36	1.36	1.36	90.90	94.95
Czech Republic	1.38	14.67	19.64	32.43	49.34	52.33	66.83	202.45
Denmark	96.59	36.48	36.75	38.08	40.79	42.47	49.13	53.24
Estonia	1.26	1.26	1.26	1.26	7.50	7.50	7.50	3.50
Finland	0.90	0.93	0.94	3.59	9.04	27.25	31.00	34.03
France	33.82	44.88	126.81	167.13	221.03	243.62	3 723.89	3 950.77
Germany	268.35	472.03	845.41	845.50	1 082.24	1 502.29	2 401.44	3 104.35
Greece	0.35	0.35	0.38	1.68	1.68	4.23	4.63	5.98
Hungary	2.81	53.65	78.17	88.75	97.41	465.70	475.35	507.41
Ireland	0.04	25.30	29.23	107.77	106.82	139.91	156.83	193.77
Italy	21.60	74.41	127.13	133.60	191.68	223.80	449.09	573.93
Latvia	1.61	2.31	0.57	0.57	0.54	0.54	0.54	0.54
Lithuania	3.93	3.93	3.93	3.93	3.93	3.93	3.93	6.97
Luxembourg	--	--	67.02	122.83	2 484.38	5 786.75	7 081.97	8 977.89
Malta	1.37	1.97	1.87	4.81	5.03	0.20	3.37	3.37
Netherlands	14.95	20.43	138.76	234.42	335.87	486.71	664.68	1 107.92
Poland	12.39	87.18	98.93	109.93	120.30	140.31	201.26	208.11
Portugal	--	0.20	1.71	1.71	5.02	21.37	33.13	40.38
Romania	39.43	65.63	72.88	85.66	93.34	124.95	125.83	161.09
Slovakia	0.10	0.10	5.10	5.10	9.36	9.82	25.78	86.01
Slovenia	0.12	1.40	1.40	1.40	5.00	5.00	5.00	5.00
Spain	130.12	136.72	142.85	145.01	205.23	247.76	389.31	437.25
Sweden	22.46	20.02	146.93	157.59	111.89	1 479.12	1 531.22	2 408.17
United Kingdom	107.97	201.87	950.31	837.66	1 028.28	1 358.35	2 530.58	8 934.27
Total	**768.01**	**1 274.51**	**2 942.10**	**3 173.85**	**6 277.83**	**12 496.89**	**20 290.79**	**31 538.24**

Note:Data for 2005 and 2006 include only non-financial outward FDI stocks.

Table 9 China's Outward FDI Flows in ASEAN Countries,2005-2012

(Millions of Dollars)

Country/Region	2005	2006	2007	2008	2009	2010	2011	2012
Brunei	1.50	--	1.18	1.82	5.81	16.53	20.11	0.99
Cambodia	5.15	9.81	64.45	204.64	215.83	466.51	566.02	559.66
Indonesia	11.84	56.94	99.09	173.98	226.09	201.31	592.19	1 361.29
Lao PDR	20.58	48.04	154.35	87.00	203.24	313.55	458.52	808.82
Malaysia	56.72	7.51	-32.82	34.43	53.78	163.54	95.13	199.04
Myanmar	11.54	12.64	92.31	232.53	376.70	875.61	217.82	748.96
Philippines	4.51	9.30	4.50	33.69	40.24	244.09	267.19	74.90
Singapore	20.33	132.15	397.73	1 550.95	1 414.25	1 118.50	3 268.96	1 518.75
Thailand	4.77	15.84	76.41	45.47	49.77	699.87	230.11	478.60
Viet Nam	20.77	43.52	110.88	119.84	112.39	305.13	189.19	349.43
Total	**157.71**	**335.75**	**968.08**	**2 484.35**	**2 698.10**	**4 404.64**	**5 905.24**	**6 100.44**

Note:Data for 2005 and 2006 include only non-financial outward FDI flows.

Table 10 China's Outward FDI Stocks in ASEAN Countries,2005-2012

(Millions of Dollars)

Country/Region	2005	2006	2007	2008	2009	2010	2011	2012
Brunei	1.90	1.90	4.38	6.51	17.37	45.66	66.13	66.35
Cambodia	76.84	103.66	168.11	390.66	633.26	1 129.77	1 757.44	2 317.68
Indonesia	140.93	225.51	679.48	543.33	799.06	1 150.44	1 687.91	3 098.04
Lao PDR	32.87	96.07	302.22	305.19	535.67	845.75	1 276.20	1 927.84
Malaysia	186.83	196.96	274.63	361.20	479.89	708.80	797.62	1 026.13
Myanmar	23.59	163.12	261.77	499.71	929.88	1 946.75	2 181.52	3 093.72
Philippines	19.35	21.85	43.04	86.73	142.59	387.34	494.27	593.14
Singapore	325.48	468.01	1 443.93	3 334.77	4 857.32	6 069.10	10 602.69	12 383.33
Thailand	219.18	232.67	378.62	437.16	447.88	1 080.00	1 307.26	2 126.93
Viet Nam	229.18	253.63	396.99	521.73	728.50	986.60	1 290.66	1 604.38
Total	**1 256.15**	**1 763.38**	**3 953.17**	**6 486.99**	**9 571.42**	**14 350.21**	**21 461.70**	**28 237.54**

Note:Data for 2005 and 2006 include only non-financial outward FDI stocks.

Table 11 The Top 100 Non-Financial Chinese TNCs Ranked by Outward FDI Stock, 2012

NO.	Name of Enterprise
1	China Petrochemical Corporation
2	China National Petroleum Corporation
3	China National Offshore Oil Corporation
4	China Mobile Communications Corporation
5	China Resources (Holdings) Co.,Ltd.
6	China Ocean Shipping (Group) Company
7	Aluminum Corporation of China
8	Sinochem Corporation
9	China Merchants Group
10	China State Construction Engineering Corporation
11	China Unicom Corporation
12	China Minmetals Corporation
13	China National Chemical Corporation
14	CITIC Group
15	China National Cereals, Oils & Foodsuffs Corp.
16	China National Aviation Holding Corporation
17	State Grid Corporation of China
18	SinoSteel Corporation
19	China Three Gorges Corporation
20	SINOTRANS Changjiang National Shipping (Group) Corporation
21	China Shipping (Group) Company
22	China Huaneng Group
23	HNA Group
24	Huawei Technologies Co.,Ltd.
25	China Nonferrous Metal Mining & Construction (Group) Co.,Ltd.
26	GDH Limited
27	China North Industries Group Corporation
28	China Communication Construction Company Ltd.
29	Shanghai Baosteel Group Corporation
30	Shanghai Geely ZhaoYuan Investments International Ltd.
31	China Power Investment Corporation

Table 11 Continued 1

NO.	Name of Enterprise
32	Yanzhou Coal Mining Company Limited
33	China Metallurgical Group Corp.
34	Jinchuan Group Ltd.
35	Legend Holdings Ltd.
36	SAIC Motor Corporation, Ltd.
37	SINOHYDRO Co.,Ltd.
38	Wuhan Iron & Steel (Group) Corporation
39	Shanghai Pharmaceuticals Holding Co.,Ltd.
40	Aviation Industry Corporation of China
41	China National Travel Service (HK) Group Corp.
42	Shum Yip Holdings Company Limited
43	ZTE Corporation
44	Anshan Iron & Steel Group Corporation
45	China General Nuclear Power Group
46	Shenhua Group Corporation Ltd.
47	Guangzhou Yuexiu Holdings Limited
48	Bright Food (Group)Co.,Ltd.
49	Changsha Zoomlion Heavy Industry S&T Development Co.,Ltd.
50	Hunan Valin Iron & Steel (Group) Co.,Ltd.
51	Midea Group Co.,Ltd.
52	China International Marine Containers (Group) Ltd.
53	Beijing Enterprises Group Company Limited
54	Anhui Foreign Economic Construction (Group) Co.,Ltd.
55	Sany Heavy Industry Co.,Ltd.
56	Dalian Wanda Group Corporation Ltd.
57	China Datang Corporation
58	Haier Electrical Appliance Co.,Ltd.
59	CRCC-Tongguan Investment Co.,Ltd.
60	Shougang Corporation
61	Shenzhen Energy Group
62	China Railway Engineering Corporation
63	China South Industries Group Corporation
64	China Electronics Coporation
65	Nam Kwong (Group) Company Limited
66	Guangdong Rising Assets Management Co.,Ltd.

Table 11 Continued 2

NO.	Name of Enterprise
67	China National Machinery Industry Corporation
68	China Guodian Corporation
69	Daye Nonferrous Metals Company
70	China National Agriculture Development Group Co.,Ltd.
71	China National Materials Industry Group
72	China National Gold Group Corporation
73	China Chengtong Holdings Group Ltd.
74	Guangdong Yudean Group Co.,Ltd.
75	Shanghai Overseas United Investment Co.,Ltd.
76	Jilin Jien Nickel Industry Co.,Ltd.
77	Xinjiang Zhongxin Resources Co.,Ltd.
78	Guangdong Communication Group Co.,Ltd.
79	China Railway Construction Corporation
80	TCL Corporation
81	China Energy Conservation and Environmental Protection Group
82	China Huadian Corporation
83	Beijing Foreign E&T Group.
84	China Poly Group Corporation
85	China Gezhouba Group Corporation
86	Shanghai Alliance Investment Ltd.
87	China Academy of Telecommunications Technology
88	Mongolia Yitai Group Co.,Ltd.
89	Chongqing Chonggang Minerals Development Investment Limited
90	Baiyin Nonferrous Metal Company Limited
91	Goldwind Science & Technology Co.,Ltd.
92	China King Link Corporation
93	Zhejiang Fulida Co.,Ltd.
94	Yantai XinYi Investment Ltd.
95	China Southern Air Holding Company
96	China Eastern Air Holding Company
97	Tianjin Union Development Group Co.,Ltd.
98	Guangdong Province Navigation Holdings Company Limited
99	TaiYuan Iron & Steel (Group) Co.,Ltd.
100	China General Technology (Group) Holding Ltd.

Table 12 The Top 100 Non-Financial Chinese TNCs Ranked by Foreign Assets, 2012

NO.	Name of Enterprise
1	China Petrochemical Corporation
2	China National Petroleum Corporation
3	China Resources (Holdings) Co.,Ltd.
4	China Unicom Corporation
5	China National Offshore Oil Corporation
6	China State Construction Engineering Corporation
7	China Merchants Group
8	China Ocean Shipping (Group) Company
9	Sinochem Corporation
10	China Mobile Communications Corporation
11	China National Cereals, Oils & Foodsuffs Corp.
12	Aluminum Corporation of China
13	CITIC Group
14	Legend Holdings Ltd.
15	China Power Investment Corporation
16	Beijing Enterprises Group Company Limited
17	China Minmetals Corporation
18	Guangzhou Yuexiu Holdings Limited
19	China Poly Group Corporation
20	Shanghai Geely ZhaoYuan Investments International Ltd.
21	Huawei Technologies Co.,Ltd.
22	SAIC Motor Corporation, Ltd.
23	Yanzhou Coal Mining Company Limited
24	China National Chemical Corporation
25	China Shipping (Group) Company
26	China Electronics Coporation
27	China National Travel Service (HK) Group Corp.
28	GDH Limited
29	HNA Group
30	Shanghai Baosteel Group Corporation
31	China Huaneng Group
32	China North Industries Group Corporation
33	China Communication Construction Company Ltd.

Table 12 Continued 1

NO.	Name of Enterprise
34	China Metallurgical Group Corp.
35	State Grid Corporation of China
36	Sanhe Hopefull Grain & Oil Group Co.,Ltd.
37	Chongqing Chonggang Minerals Development Investment Limited
38	Beijing Foreign E&T Group
39	SinoSteel Corporation
40	ZTE Corporation
41	SINOTRANS Changjiang National Shipping (Group) Corporation
42	China General Nuclear Power Group
43	China National Aviation Holding Corporation
44	China Three Gorges Corporation
45	Aviation Industry Corporation of China
46	Jinchuan Group Ltd.
47	China Gezhouba Group Corporation
48	Changsha Zoomlion Heavy Industry S&T Development Co.,Ltd.
49	China Shipbuilding Industry Corporation
50	Shougang Corporation
51	China Nonferrous Metal Mining & Construction (Group) Co.,Ltd.
52	SINOHYDRO Co.,Ltd.
53	Wuhan Iron & Steel (Group) Corporation
54	Yantai Xinyi Investment Ltd.
55	China International Marine Containers (Group) Ltd.
56	Sany Heavy Industry Co.,Ltd.
57	Shanghai Pharmaceuticals Holding Co.,Ltd.
58	Midea Group Co.,Ltd.
59	Hunan Valin Iron & Steel (Group) Co.,Ltd.
60	Nam Kwong (Group) Company Limited
61	Jiangsu Shagang Group
62	Shandong Energy (Group)Co.,Ltd.
63	Bright Food (Group)Co.,Ltd.
64	Haier Electrical Appliance Co.,Ltd.
65	China National Textiles Import & Export Corporation
66	Tsinghua Tongfang Holdings Limited

Table 12 Continued 2

NO.	Name of Enterprise
67	China National Aviation Fuel Group Corporation
68	China National Gold Group Corporation
69	Jilin Jien Nickel Industry Co.,Ltd.
70	China Railway Construction Corporation
71	Shandong iron & Steel Group Company Limited
72	Hebei Iron & Steel Group Co.,Ltd.
73	China Chengtong Holdings Group Ltd.
74	Anshan Iron & Steel Group Corporation
75	China Guodian Corporation
76	China National Machinery Industry Corporation
77	Weichai Power Co.,Ltd.
78	China Telecommunications Corporation
79	Shanghai Tangjiu (Group)Co.,Ltd.
80	Daye Nonferrous Metals Company
81	Hisense Company Ltd.
82	Anhui Foreign Economic Construction (Group) Co.,Ltd.
83	China Railway Engineering Corporation
84	China Eastern Air Holding Company
85	China-Singapore Suzhou Industrial Park Ventures Co.,Ltd.
86	Gemdale (Group) Co.,Ltd.
87	Guangdong Communication Group Co.,Ltd.
88	China Aerospace Science and Technology Corporation
89	China State Shipbuilding Corporation
90	China Huadian Corporation
91	Wanxiang Group Corporation
92	Mongolia Yitai Group Co.,Ltd.
93	Sichuan Changhong Electric Co.,Ltd.
94	Shenhua Group Corporation Ltd.
95	Jinduicheng Molybdenum Group Co.,Ltd.
96	Guangdong Guangxin Holdings Group Ltd.
97	TCL Corporation
98	China Datang Corporation
99	Goldwind Science & Technology Co.,Ltd.
100	Xi'an Maike Metals Group Ltd.

Table 13 The Top 100 Non-Financial Chinese TNCs Ranked by Foreign Revenues, 2012

NO.	Name of Enterprise
1	China Petrochemical Corporation
2	China National Petroleum Corporation
3	Sinochem Corporation
4	China Resources (Holdings) Co.
5	China National Offshore Oil Corporation
6	China Unicom Corporation
7	Legend Holdings Ltd.
8	China Ocean Shipping (Group) Company
9	China National Cereals, Oils & Foodsuffs Corp.
10	Shanghai Geely ZhaoYuan Investments International Ltd.
11	SAIC Motor Corporation, Ltd.
12	China Electronics Coporation
13	China North Industries Group Corporation
14	China National Aviation Fuel Group Corporation
15	CITIC Group Corporation
16	China State Construction Engineering Corporation
17	China Minmetals Corporation
18	Zhuhai Zhenrong Company
19	Shanghai Baosteel Group Corporation
20	China National Travel Service (HK) Group Corp.
21	Huawei Technologies Co.,Ltd.
22	China National Chemical Corporation
23	Shougang Corporation
24	Hebei Iron & Steel Group Co.,Ltd.
25	China Communication Construction Company Ltd.
26	SinoSteel Corporation
27	Beijing Enterprises Group Company Limited
28	Xi'an Maike Metals Group Ltd.
29	ZTE Corporation
30	China Power Investment Corporation
31	China Merchants Group
32	Aviation Industry Corporation of China
33	China Shipping (Group) Company

Table 13 Continued 1

NO.	Name of Enterprise
34	Nam Kwong (Group) Company Limited
35	China Huaneng Group
36	Shanghai Wanxiang Invest Co.,Ltd.
37	Hisense Company Ltd.
38	China Poly Group Corporation
39	Wuhan Iron & Steel (Group) Corporation
40	Jiangsu Shagang Group
41	Beijing Foreign E&T Group
42	China National Textiles Import & Export Corporation
43	Haier Electrical Appliance Co.,Ltd.
44	Midea Group Co.,Ltd.
45	GDH Limited
46	China Nonferrous Metal Mining & Construction (Group) Co.,Ltd.
47	Huayue Group
48	Jiangxi Copper International Trading Co.,Ltd.
49	China Gezhouba Group Corporation
50	China Metallurgical Group Corp.
51	Jigang Group Co.,Ltd.
52	Gree Electric Appliances,Inc.of Zhuhai
53	Guangzhou Yuexiu Holdings Limited
54	Yanzhou Coal Mining Company Limited
55	Daye Nonferrous Metals Company
56	Taiyuan Iron & Steel (Group) Co.,Ltd.
57	Shanghai Electric (Group) Corp.
58	Shandong Ruyi Technology Group Co.,Ltd.
59	Anshan Iron & Steel Group Corporation
60	Shandong Energy (Group)Co.,Ltd.
61	Jinchuan Group Ltd.
62	SINOTRANS Changjiang National Shipping (Group) Corporation
63	Tsinghua Tongfang Holdings Limited
64	China General Nuclear Power Group
65	China General Technology (Group) Holding Ltd.
66	Yantai Xinyi Investment Ltd.

Table 13 Continued 2

NO.	Name of Enterprise
67	China National Aviation Holding Corporation
68	China National Arts & Crafts (Group) Corporation
69	Xiamen ITG Group Corp.,Ltd.
70	Wengfu (Group) Co.,Ltd.
71	Sichuan Changhong Electric Co.,Ltd.
72	China Chengtong Holdings Group Ltd.
73	Golden Dragon Precise Copper Tube Group Inc.
74	Yunnan Copper Co.,Ltd.
75	Changsha Zoomlion Heavy Industry S&T Development Co.,Ltd.
76	Nanjing Steel Industry Development Co.,Ltd.
77	Jiangsu Yonggang Group Co.,Ltd.
78	Sany Heavy Industry Co.,Ltd.
79	YangGu XiangGuang Copper Co.,Ltd.
80	Shanghai Tangjiu (Group)Co.,Ltd.
81	Shenzhen Zhongjin Lingnan Nonfemet Co.,Ltd.
82	Xiamen C&D Inc.
83	China National Building Materials Group Corporation
84	Kailuan Group
85	Shenzhen Brightoil Group Co.,Ltd.
86	CGC Overseas Construction Group Co.,Ltd.
87	China Railway Construction Corporation
88	Ningbo Huahong Venture Capital Co.,Ltd.
89	Zhejiang Huayou Cobalt Co.,Ltd.
90	UE Solar Co.,Ltd.
91	Beijing Xingyuche Technology Co.,Ltd.
92	Tewoo International Trade Co.,Ltd.
93	China Railway Engineering Corporation
94	Bright Food (Group)Co.,Ltd.
95	Aluminum Corporation of China
96	Guangdong Nam Yue Group Co.,Ltd.
97	Tongling Nonferrous Metals Group Holding Co.,Ltd.
98	Jiusan Oils & Grains Industries Group Co.,Ltd.
99	Alcatel–Lucent Shanghai Bell Enterprise Communications Co.,Ltd.
100	Shandong Kerui Holding Group Co.,Ltd.